わかりやすい 臨床心理学入門

小山 望
【編著】

福村出版

[JCOPY] 〈(社)出版者著作権管理機構 委託出版物〉
本書の無断複写は著作権法上での例外を除き禁じられています。複写される場合は、そのつど事前に、(社)出版者著作権管理機構(電話 03-3513-6969、FAX 03-3513-6979、e-mail: info@jcopy.or.jp)の許諾を得てください。

はじめに

　2008年はなんというか、強烈な印象の年であった。3月に茨城県土浦のJR駅構内で起った通行人をまきこんだ無差別殺傷事件、岡山県では、岡山駅ホームにいた人が線路に突き落とされて電車にひかれた事件、6月には東京の秋葉原で通行人を無差別殺傷する事件が起き、7名が亡くなるという痛ましい事件があった。これらの事件の容疑者はいずれも「殺傷する相手はだれでもよかった」と供述している。現代社会が乾いているのか、人の心がここまで砂漠のように乾いていってしまうのは、なぜであろうか。人と人の関わりが薄れ、人を信じられない人たちが増えているのだろうか。

　アメリカの市場原理主義が日本にまで及び、貧富の格差が拡大したためか、一生懸命働いても生活が安定しないワーキングプアが急速に増大している。9月に発生したアメリカ・ニューヨークのウォール街発の金融恐慌は、世界各国を経済不安に陥らせるほどの激震であった。この結果、日本でも輸出に頼る自動車産業を始め多くの会社で非正規雇用労働者が解雇されるという社会不安現象が起こった。われわれの生きている社会現実のすさまじさを認識させられた年であるが、障害者や高齢者やホームレスの人などを含めて国民のだれしもが安心して働いて暮らせる社会の実現をするために、日本社会の方向性も変わらねばならない時期に来ているのではないだろうか。アメリカでは史上初の黒人の大統領が誕生したが、これはアメリカ国民の"チェンジ"を願った結果である。わが国では国民が意見をぶつける場が与えられず、不満が鬱積している。

　メディア（テレビ、雑誌、ネット）で取り上げられ人びとの関心を集めたスピリチュアル・カウンセリングも、現代社会に生きる人びとの心の不安の解消や癒しを求めるブームに乗って大きく勢力を伸ばした。前世や守護霊という言

葉で説明されて、自分に起きている不合理で不可解な出来事は、「そうかそれが原因であるのか」と納得してしまうのであろうか。

カウンセラーや臨床心理士が人気のある職業として注目され、臨床心理学やカウンセリングという学問が世の中の人にかなり関心をもたれるようになり、セラピー文化ということも背景にあろう。「癒し」という言葉が求められる時代である。大学受験でも臨床心理士を養成する学科は高校生に人気があって倍率も高い。また子育てに区切りがついた女性や定年退職をした男性がカウンセラーをやってみたいという希望をもつ人びとに出会うことも多くなった。

「困っている人を助けたい、心の悩みに寄り添っていきたい、じっくり話を聴いてあげたい、自分でも苦しんできたから人の気持ちはよくわかる、話を聞くのは好きだし得意だなど」。いろいろな動機があって、カウンセラーを目指すのであろう。相手の話を聴くのは一見簡単そうな行為にみえるが、聴いている側の心理は実際にはなかなかそうではない。聴いているうちに同情するあまり自分の感情が興奮してしまい、どう対応したらいいかわからなくなってしまうこともあるだろう。また相手に役に立ちたいという気持ちが強いがために、無理に相手に合わせて何時間も話を聞いているうちに、相手が依存的になり、頻繁に会いたいと連絡が来るようになり、逆に相手と関わる気持ちに負担を感じたり面倒になってしまうなどの気持ちが起きてしまうことがある。心理援助やカウンセリングは話し手と聴き手の人間関係が基本であるから、話し手との信頼関係を形成することは重要だが、話し手の依存性を強めてしまうような関係性はかえって本人の自立性を弱めてしまうこともある。相手の感情に共感しつつ、相手に対して瞬時にどのように援助し関わっていけばいいのかを判断するのはそう容易なことではない。相手の心理的問題や心理状態や病的な水準、健康な部分なども考えなければならない。人生経験も体系的な臨床心理学の知識も人生哲学も相手の心の状態を理解して読む力も必要である。

本書は、将来的にカウンセラーや臨床心理士を目指して臨床心理学を学んでいる方やカウンセリングなどを必要とする方々に読んで頂きたいと意識してまとめたものである。本書は二部構成になっている。Ⅰ部は理論編で、現代の主要な理論「精神分析・分析心理学」「来談者中心療法」「行動療法・リラクセーション法」「認知行動療法」「実存主義」「集団療法」などを紹介している。

Ⅱ部は、実践編で「学校臨床」「病院臨床」「クリニックの臨床」「非行臨床・犯罪臨床」「矯正領域における教育臨床」「発達臨床」などさまざまな分野で心理教育や臨床をしているベテランの実践家に筆をとっていただいた。読者の方には、本書を読んで、臨床心理士の心理的援助についての理論と実践について学び理解を深めて頂ければ編者として望外の喜びである。

　タイトルは、2008年に刊行された『人間関係がよくわかる心理学』（福村出版）と関連づけて『わかりやすい臨床心理学入門』となった。同社の編集部の方には大変お世話になった、この場を借りて感謝申し上げたい。

　2009年　初春

　　　　　　　　　　　　　　　　　　　　　　　　　　編著者　小山　望

目　次

はじめに　3

Ｉ部　理論編

第1章　精神分析理論・分析心理学

第1節　精神分析理論　11
第2節　分析心理学　22

第2章　来談者中心療法

第1節　来談者中心療法とは　29
第2節　来談者中心療法の基礎理論　29
第3節　治療者のとるべき姿勢　32
第4節　コミュニケーションの基本的技法　33
第5節　心理療法の過程　36
第6節　来談者中心療法の発展　38

第3章　行動療法・リラクセーション法

第1節　行動療法の理論的基盤　41
第2節　行動療法の成立　44
第3節　行動療法の諸技法　45
第4節　リラクセーション法　51

第4章　認知行動療法

第1節　認知行動療法とは　57
第2節　論理療法　58

第3節　認知療法の理論　61
第4節　認知療法の実際　64
第5節　認知行動療法の広がり　70

第5章　実存主義

第1節　実存主義とは　73
第2節　実存主義的アプローチ　75
第3節　実存主義的アプローチの実践　77
第4節　クライエントにみられる実存主義的な悩み　83
第5節　実存主義の現代的意義　86

第6章　集団療法

第1節　はじめに　89
第2節　心理劇（サイコドラマ）　90
第3節　エンカウンター・グループ　96
第4節　構成的グループ・エンカウンター（エンカウンター・グループ）　99
第5節　アサーション・トレーニング　101

II部　実践編

第7章　学校臨床

第1節　スクールカウンセラーとは　106
第2節　スクールカウンセラーの役割　108
第3節　スクールカウンセラーの実際の仕事　111
第4節　学校臨床における見立て　117
第5節　今後の展望（スクールソーシャルワーカー）　119

第8章　病院臨床

第1節　個人心理療法　121

第2節　統合失調症者への心理療法　122
第3節　うつ病者への心理療法　127
第4節　集団心理療法　129
第5節　総合病院での心理臨床　131
第6節　心の専門家としての役割・姿勢　133
第7節　医師や他職種の専門家との共同作業　133

第9章　クリニックの臨床

第1節　はじめに　137
第2節　精神科クリニックを受診する人たち　139
第3節　クリニックでの臨床心理士の仕事（1）－予診－　143
第4節　クリニックでの臨床心理士の仕事（2）－心理検査－　144
第5節　クリニックでの臨床心理士の仕事（3）－心理療法－　148
第6節　他職種との連携について　150

第10章　非行臨床・犯罪臨床

第1節　犯罪・非行をどうとらえるか　153
第2節　非行臨床とその特徴　158
第3節　初期の非行問題に対する援助
　　　　（警察少年サポートセンターの実践から）　162
第4節　最近の動向から　166

第11章　矯正領域における教育臨床

第1節　はじめに　169
第2節　非行少年の一般的なあり方　170
第3節　非行少年に対する保護処分　173
第4節　非行少年の問題性　176
第5節　非行少年に対する少年院の指導　179
第6節　おわりに　181

第12章　発達臨床

　第1節　発達障害の心理臨床　　185
　第2節　特別支援教育における発達障害の理解　　189
　第3節　事　例　　192

索　引　　201

第1章
精神分析理論・分析心理学

第1節　精神分析理論

（a）フロイトの生涯

（1）家族と生い立ち

　精神分析の創始者フロイト（Freud, S.）は、1856年モラヴィア地方のフライベルク（現在のチェコ、プリボル市）に生まれ、3歳のときにウィーンに移り住んだ。父のヤコブは、ユダヤ人の羊毛商人で、母アマリエとは二度目の結婚であった。結婚時ヤコブは40歳、アマリエは20歳という年齢差があり、同居していた異母兄エマニエルとフィリップはすでに成人していた。エマニエルの息子ヨハンは、フロイトにとって1歳年上の甥で、競争相手でもあった。自分の父親を年長者であるヨハンが祖父と呼んでいることや、アマリエとフィリップが同じ年齢であることから、家族関係が複雑となり、幼いフロイトを戸惑わせた。アマリエは、フロイトの後に5人の娘と2人の息子を生むが、羊膜をかぶって生まれた（将来、幸運と名声を約束する出来事と信じられていた）最初の子であるフロイトを可愛がり、「私の大切なジギ（mein goldner Sigi）」と、95歳でこの世を去るまでよび続けていた。フロイトが偉大な人物になるとの予言は、その後にも二度あり、フロイト自身にとって、成功するのだという確信を支える力となっていった。

　その40年後に、フロイトは、友人フリース（Fliess, W.）との間で行った自己分析の中で、2・3歳の記憶を辿り得心した。まずは、好奇心から両親の寝室に入り込んで、父親に怒られたことや、寝小便を叱るのは彼に甘い母親ではなく、父親であったことから、息子にとっての父親は拒否、抑制、拘束、権威を象徴する現実原則を表し、母親は快楽原則を表すという考えに至ったこと。

また、1歳半の時に8カ月の弟に対し、母親の愛情が奪われるという嫉妬心から悪意のある願望を抱き、実際に弟が亡くなることで、その願望がかなってしまったという自責の念が起こったこと、2歳のときに母の裸体をみて、自分のリビドーが母に向かい、父に対する不満は、情愛と崇拝と尊敬に姿を変え、敵意ある側面はすべてフィリップとヨハンの像に移され、父親を実際に遠い位置においていたことがあげられる。このような家族内の対人関係についての洞察は、エディプスコンプレックス理論の構築につながっていく。

ウィーン大学医学部に学び、在学中からブリュッケ（Brucke, E.W.）の生理学研究室に入り、ヤツメウナギの脊髄神経細胞やザリガニの神経細胞の研究を進め、卒業後ニューロン理論に繋がる着想を発表し業績をあげるが、経済的な理由で研究者の道を断念、1882年ウィーン総合病院で働き、開業に向けての臨床経験を積む。また同年にマルタ・ベルナイスと婚約する。マルタは、フロイトより5歳若い、美しい女性で、貧しい婚約時代の約4年3カ月にフロイトは実に900通以上の手紙を書いたといわれている。

（2）精神分析の誕生と国際分析学会の結成

フロイトは、1882年から同門のブロイアー（Breuer, J.）とヒステリーの共同研究を始め、1885年パリのサルペトリエール病院の高名な神経病理学者シャルコー（Charcot, J.M.）に師事し、神経症の研究に専念した。催眠による治療効果に深く傾倒したフロイトは、「無意識」について考えるきっかけを得ることになる。1895年には、ブロイアーと共著『ヒステリー研究』を発表した。そして、1900年『夢判断』、1904年『日常生活の精神病理』、1905年『性理論についての三論文』をつぎつぎ刊行し、精神分析の体系を樹立していった。

1902年にシュテーケル（Stekel, W.）、アドラー（Adler, A.）と三人で始めた「心理学水曜会」は人気を集め、1908年には「ウィーン精神分析協会」に発展した。また、同年ユングのよびかけから、ザルツブルクで第一回国際精神分析学大会が開催されるに至った。1909年には、フロイトとユング（Jung, C.G.）はアメリカのクラーク大学総長スタンレー・ホールの招きで渡米している。

（3）晩年と亡命

弟子や共鳴者との意見の食い違いを許さなかったフロイトのもとを、ランク（Rank, O.）、アドラー、シュテーケル、ユングが次々と離脱していった。

1938年ナチス・ドイツがウィーンに侵攻し、娘アンナ（Freud, A.）がゲシュタポに連行されるという事件が起こる。ナチス・ドイツは、精神分析を敵視しており、ユダヤ人であるフロイトは、強制収容所に送られる危険があった。アメリカ大統領ルーズベルトや駐在アメリカ大使ブリット、弟子であるデンマーク公妃マリー・ボナパルト（Bonaparte, M.）、アーネスト・ジョーンズ（Jones, E.）らは、彼を支援し、無事ロンドンに亡命させる。しかし1923年に発病した上顎のガンに侵され1939年9月23日83歳で死去した。モルヒネ注射による安楽死だった。

（b）精神分析の概念

フロイトは、長年の臨床経験を通して、人間の無意識が影響した行動や、精神現象について、局所的（構造的）、経済的、力動的、適応的、発達的な観点から理解し、体系的にまとめていった。

（1）無意識の存在と局所論

① 局所論

フロイトは、人間の心について、今、気がついている心の部分「（意識）」と、まったく意識できない「（無意識）」に分け、さらに無意識を普段は意識しなくても何らかのきっかけがあれば意識に浮かべることができる「前意識」に分類し、心が意識・前意識・無意識の三つの層によって成り立っているとした。この考えを局所論という（図 1-1）。

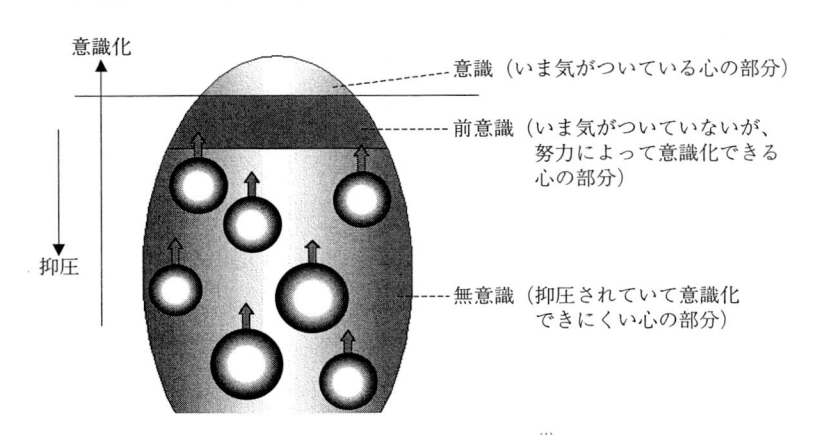

図 1-1 心の局所論（前田、1985[1]）

フロイトの大きな功績は「無意識」の発見と、それが人間の心理や行動に影響を与えるメカニズムを解明したことである。無意識の中にあるものは、「錯誤行為」「夢」「神経症」に形を変えて意識に現れてくると考えた。これを心的決定論という。

② 錯誤行為

錯誤行為は、三つに分類できる。第一群は、言い違いであり、書き違い、読み違い、聞き違いも含まれる。第二群は、物忘れで、忘れる対象（固有名詞、外国語、企図、印象）によってさらに細かく分ける。第三群は、取り違い、置き忘れ、紛失である。

具体的な例は、議会の形勢が思わしくないので、できることならすぐ閉会したいと考えていた議長が、その第一声で開会を宣言する代わりに閉会を宣言してしまう。また、現在は夫と別れたいと思っている夫人が、自分の資産管理上の書類にうっかり未婚時代の姓を署名してしまうなどがあげられる。これら錯誤行為の背景には、前兆や前触れ、願望が潜んでおり、妨害する意図と妨害される意図の間に干渉が起こっているのである。

③ 夢判断と夢のメカニズム

フロイトは、人は外部からの刺激や内部からの生理的刺激、心の奥からの内的刺激によって睡眠中に目を覚まさないように夢をみると考えた。夢の目的は、無意識的な願望の充足である。子どもがみる夢のようにその願望がそのままの形で現実と結びついている場合は理解がしやすいが、たいていの場合、その意

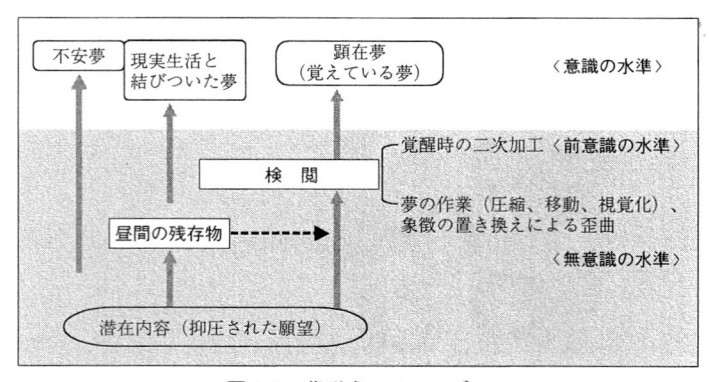

図 1-2 夢形成のメカニズム

味や脈絡が理解されにくい。それは、睡眠中は抑圧の力が弱まり、無意識の中に抑圧されていたものが夢として加工を受け、歪曲されて意識に入り込んでくるからである。この夢の加工を検閲という。それは、抑圧されていた潜在内容がそのままの形で意識に上がると、刺激が強すぎて目が覚めてしまうために行われる夢の作業である。その一般的な作業は、「圧縮」「移動」「視覚化」「象徴化」「第二次加工」によるものである（図1-2）。

夢判断は、顕在夢から、逆戻りをして潜在内容を探る作業といえる。そこには、検閲を受け、自己防衛されている葛藤がみえてくる。

④ 夢判断の観点

(a) 夢が表すことは、個別的であるため、その個人史を知った上で、本人が思い出すことや連想する事柄、言葉、または象徴からその意味を探る。

(b) 現実と結びついた夢は、昼間に満たされなかった願望の現われであることが少なくない。子どもの場合は、特に多いが、大人でも空腹、口渇、尿

表1-1 検閲のために夢が加工される要因

要因		内容	例
夢の作業	圧縮	潜在内容の要素が省略されたり、複数の要素が合併融合、凝縮されて顕在夢として現れる。	・登場人物がAさんにもBさんにも見える。 ・AさんがいつのまにかBさんになっている。 ・複数の人間（場所）が合成されて一人（場）になる。
	移動	全く異なるものに置き換わったり、重要なことが小さなことに変わってしまう。	・Aさんが主人公のように見えるが、じつは片隅に少ししか登場しなかったBさんのほうが重要な人物である。
	視覚化	抽象的な概念が具体的な映像になる。	・心の迷い→迷路に入り込む。 ・欲求阻止→行く手に大きな壁がある。
	象徴化	潜在内容にある一定の要素は、顕在夢ではある一定の要素象徴化に置き換えられる。これには、神話、おとぎ話などによく現れる万国共通の象徴と個人に特別に意味をもつ象徴とがある。	・男性性器→ステッキ、かさ、棒、剣、槍、ナイフ、蛇口 ・女性性器→洞窟、穴、くぼみ、鞄、管、箱、ポケット、くつ、舟 ・父母→王、王妃 ・子ども→小動物、害虫 ・性行為→乗馬、登山、追跡 ・出産→水の中に落ちる、水の中から這い上がる
	第二次加工	夢を思い出す時に、意識水準でつじつまが合うようにバランスの取れたストーリーにまとめる。	

意、性欲の高まりなどの生理的状態が夢に反映される場合がある。
（c）治療開始直後の夢や、反復する夢、不安夢は意味がある夢として、特に注目をする。

⑤ 神経症の事例

アンナ・O嬢こと本名ベルタ・パッペンハイムは、強度のヒステリーのために1880年にブロイアーの治療を受けていた21歳の才気溢れる女性である。彼女の症状は、父親の看病や死後に悪化し、神経性の咳、斜視、頭痛、視覚障害、感覚喪失、幻覚、言語障害とさまざまだった。

ブロイアーは、毎晩往診し、催眠状態になった彼女の話を聞いた。ある晩には、のどが渇いて死にそうなのに、水を飲むことができないと訴えた。イギリス人の付添いの女性が、彼女の子イヌにコップで水を飲ませていたのだ。話すが早いか、彼女は水を飲みはじめた。咳がでるという症状については、父親の看病をしている最中に隣家からダンス音楽が聞こえてきた。そのとき「いいなぁ、私は一日中看病をしているというのに……」と思うと同時に、そう思ってしまったことに対する罪悪感が生じた。それ以来、音楽を聴くと咳が出るという症状に悩まされた。彼女は、人を羨んだ罰なのだと感じていたが、これらを思い出し、話すにつれ、症状が軽快していった。この治療法は「煙突掃除（チムニー・スウィーピング）」や「談話療法」と呼ばれた。アンナ・O嬢は、後に先駆的なフェミニストの一人として、活躍していくことになる。

ブロイアーとフロイトは、共著『ヒステリー研究』を出版し、フロイトは独自に「自由連想法」を確立していく。フロイトは、ヒステリーの患者の治療の中で、何人もの女性が、小さいころに父親あるいは身近の男性から性的虐待を受けていることを確信していた。しかし、患者の告白の真偽に疑いを抱くようになり、性的虐待は、実際に起きたことではなく、空想なのだと捉えるようになる。それは、多くの患者にみられる普遍的なことであった。ここから、エディプス・コンプレックスの理論をまとめあげていくことになる。

（2）フロイトの性概念と精神の発達段階

フロイトは、人間が生得的に備わった性愛、エロスの衝動を揺り動かす心的エネルギーをリビドー（libido）とよんだ。つまり、人間は幼児期から性欲をもち、盛んに活動していると唱えたのだ。これを「幼児性欲説」という。しか

表 1-2 フロイトの発達段階

口唇期	生後1歳半ごろまで	口唇的快感が高まり、「吸う」「噛む」といった口唇活動が活発になる。
肛門期	1歳半から4歳まで	肛門括約筋が発達し、排泄機能の調節が可能になると同時に排泄に性的快感が生じ関心を向ける。
エディプス（男根）期	4歳から6歳まで	性器の感受性が高まり、性器に触れることに快感が生じる。（エディプスコンプレックス・去勢不安）
潜伏期	10歳前後	特別な様相を示さず、潜伏したかのように見える。
性器期	思春期以降	性欲が性器的結合に向けて統合する。

し、当時の世の中では、受け入れられなかった。フロイトは「性」を広い意味で捉え、子どもの場合は幼児性欲、大人の場合は性器的結合を目的とする性器性欲とよび、このリビドーの体制化の過程を口唇期、肛門期、エディプス（男根）期、潜伏期、性器期に分け、発達段階説（**表 1-2**）を提唱した。

① エディプス・コンプレックス

エディプス・コンプレックスとは、人間の無意識に普遍的に存在すると仮定される精神分析の基本概念である。母親をめぐる男児の近親相姦的葛藤のことをいう。同時に父親への去勢不安を抱くが、それでいてさまざまな力に対しての畏敬の念をもつ。これにより、母親をあきらめ、父親のような男性性を獲得していくことになる。戯曲『オイディプス王』に似ていることから、その名がつけられた。また、女児には異性である父親に惹かれ同性である母親に失望を抱く複雑なコンプレックスがあると説いた。

（3）心の力動、構造論と経済論

① 構造論

フロイトは、晩年になって、心の構造を意識・前意識・無意識、の考えに加え、エス（イド）・自我・超自我という三領域に分類した（**図 1-3**）。エスとは、本能などさまざまな衝動があるところで、遺伝的に親から受け継がれるとした。生まれたばかりの赤ん坊の心は、ほとんどがエスからなっている。

したがってエスは、一生涯幼児的性格をとどめ、衝動的、非合理的、非社会的、利己的である。超自我とは、自我の中にとりこまれた両親の権威であり、無意識的な良心や理想である。そして自我とは、この両者と外界との間を調停す

【古代ギリシアの戯曲『オイディプス王』】
　エディプス（オイディプス）の父親でテーバイの王ライオスは、「自分の子どもに殺されるであろう」という神託を受ける。これを信じたライオスは、后イオカステの生んだ男児を殺すよう家来に命じた。しかし、家来はその子を殺さず、キタイロンの山に捨てた。この赤ん坊は羊飼いに拾われ、隣国コリントスの王のもとでエディプスと名づけられ成人する。ところが、ある日、エディプスは「汝は、父親を殺し、母親と結ばれる…」という自分が背負った運命を知ることとなり、実の両親と信じていたコリントスの王のもとへは戻れず、旅に出た。その途中、見知らぬ男と喧嘩になり、殺してしまう。この男こそ実の父親ライオスだったのだ。テーバイに入ろうとすると、国の人々を苦しめているスフィンクスという怪物に出会い、謎を掛けられるが、みごとに謎を解いたエディプスのおかげでスフィンクスを倒すことができた。エディプスは、テーバイの人々に歓迎され、褒美として王となり、母とは知らずにライオス王の妻で未亡人になったイオカステと結婚する。やがて、国に疫病が流行し、神託は、亡き王ライオスを殺した犯人の追放を命じた。犯人を捜すうちに、エディプスは自分が殺した男こそ実の父親ライオスで、実の母親を妻とした事実を知る。彼は贖罪のために両眼をえぐり、流浪の旅に出て、母親も悲惨な死を遂げる。

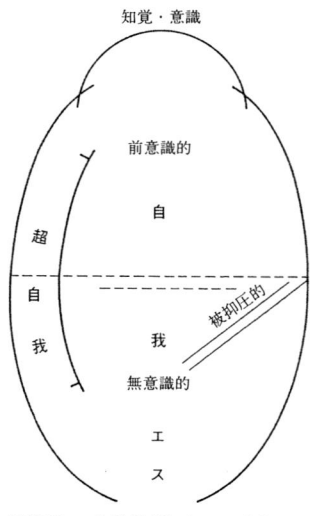

図 1-3　構造論　心的装置（フロイト、1933）[2]

る役割を果たす。特に現実に即してエスの動きを抑制し、満足させる機能をもっている。

② 力動論

心の全体的なリビドーの総量は、だれもが一定である。しかし、エス・自我・超自我のどこにリビドーの量を集中させているかによって、その人のあり方は変わってくる（図1-4）。フロイトは、リビドーが経済におけるお金のように動いていることから、この考え方を経済論とよんだ。そしてヒステリー患者が無理やり心の奥へ悩みを押さえ込んでいる心の葛藤を説明した。

また、精神分析は、局所論や経済論を踏まえ、これらの相互作用によって、自我を中心に症状、行動、夢となって生じてくるという力動的な概念を展開していった。

③ 適応論と防衛機制

自我は、外界やエスや超自我に絶えず脅かされている。そのため、自分が傷つかないように防衛をし、外界との適応を図っている。ここで防衛機制が働くことになる。防衛機制はさまざまな形態があり、厳密な区別は人によって多少

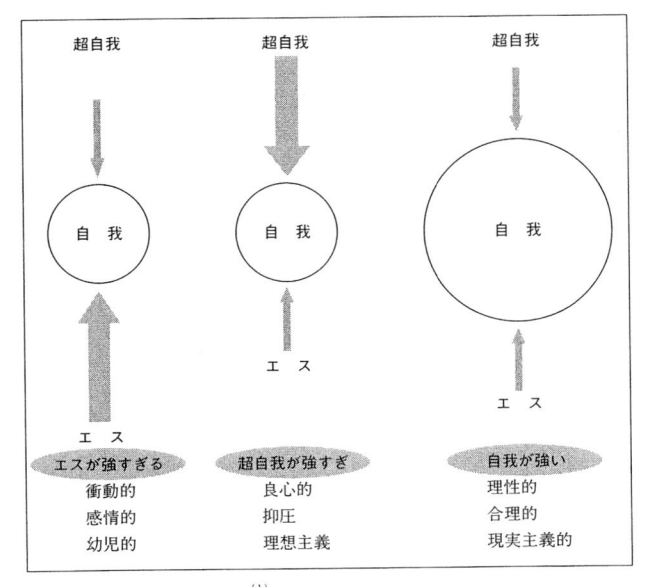

図 1-4 経済論[1]（前田、1985 を参考に作成）

エスが強すぎる	超自我が強すぎ	自我が強い
衝動的	良心的	理性的
感情的	抑圧	合理的
幼児的	理想主義	現実主義的

表1-3　防衛機制

抑圧	苦痛な感情や記憶などを意識から追い出し、無意識へ閉め出すこと。
否認	その事実を知っているのに現実を直視しようとせず、認めようとしないこと。
分離	自分に生じた考えや行動から感情を切り離してしまう。 例）悲しい体験を淡々と語る。
同一視	自分にとって重要な他者と、自己とを同じものとみなすこと。 例）憧れている芸能人と同じ格好をする。
投影 （投射）	多くは望ましくない自分の感情や考えを他人のものであるとすること。 例）自分が相手を嫌いだと思っているのに、相手に嫌われていると思い込む。
反動形成	認められない気持ちがあるときに、それと反対の行動を取ること。 例）好きな相手に意地悪をする。
逃避	適応ができない時に、その状況から逃れること。
退行	年齢的に前の段階に戻ること。 例）困った時に子どものような反応をする。
補償 （代償）	ある事柄に対し劣等感をもっている際に、別のことで劣等感を補うこと。 例）勉強が苦手な子がスポーツでは優位である。
合理化	満たされなかった欲求に対して、適当な理由をつけて正当化しようとする。 例）キツネが葡萄を取ろうとしたが、手が届かずに取ることができなかった。その時「あの葡萄はすっぱい」と正当化する。（『イソップ物語』）ほしくないが手に入ったレモンを甘いと言い張る。
昇華	非社会的な欲望を、社会に受け入れられる価値ある行動へ転じること。 例）人を傷つけたいという攻撃的なエネルギーをスポーツに注ぐ。

異なる（表1-3）。

（c）フロイト以後

　フロイトの理論は、以後さらなる発展を遂げた。その一つはアメリカで発展した自我心理学派で、ハルトマン（Hartman, H.）や、フロイトの娘アンナ・フロイトがその先駆者である。ハルトマンは、人間には無意識のコンプレックスや葛藤とは縁のない独立した自我機能が備わっており、自我機能がエス、超自我、外界との葛藤を調整、処理すると述べた。アンナは、防衛メカニズムについて整理体系化し、父フロイトの防衛理論を発展させた。また、児童分析の経験から発達に対する概念を追求した。アンナに教育分析を受けたエリクソン（Erikson, E.H.）は「ライフサイクル説」を構築し、人間の一生の発達を8段階に分け、決まった方向性や過程を経て発達と成熟を遂げるとしている。彼の提唱した「アイデンティティ」や「モラトリアム」の概念は、あまりにも有名である。

もう一方は、対象関係学派である。フィレンツィ（Ferenczi, S.）とアブラハム（Abraham, K.）の分析を受けたメラニー・クライン（Klein, M.）は、ロンドンに落ち着き、フロイトの考えを継承しつつ、独自の理論を構築した。特に児童分析家として、遊戯療法をきっかけに、幼児に深い解釈を与え、フロイトが重視したエディプス期よりもさらに早い時期の乳幼児の心理を解明していった。彼女によると、乳児の最初期の心の中では最も大切な母親のイメージが、よい乳房と悪い乳房という両極端な部分対象に分裂しており、「妄想分裂ポジション」にとどまる。これは、その後に「抑うつポジション」を経過してようやく真の全体対象へと成熟していくのである。ロンドンでは、先に移住していたクラインら対象関係学派と、後から移住してきたアンナら自我心理学派とが、遊戯療法の場で深層心理学的解釈を子どもに与えるかどうかといった技法論や、そのもととなる理論体系をめぐって激しい議論を戦わせていた。

　しかし、この二派のいずれにも属さない独立学派の臨床家たちが、対象関係論の生産的な部分をさらに豊かに発展させた。スコットランドの医師、フェアバーン（Fairbairn, D.）は、クライン理論の述べる発達の着想と意義を認め、フロイトの構造論も取り入れ、自分の臨床体験を体系化して独自の『人格の精神分析学研究』に理論化した。小児科医・精神科医のウィニコット（Winnicott, D.W.）は、子どもは母親が身近にいなくて寂しいとき、毛布やぬいぐるみを「移行対象」として利用して不安を紛らわせるという現象を発見した。彼はまた、治療者がクライエントの存在を抱えること「ホールディング」が解釈や洞察に劣らぬ治療的意義をもつことを明らかにした。

　アメリカの精神科医マスターソン（Masterson, J.F.）は、対象関係論の自己対象や、部分対象の理論を発展させ、「報酬的対象関係単位」や、「撤去的対象関係単位」といった視点を導入して境界例の心理療法に貢献した。また、カンバーグ（Kernberg, O.F.）も対象関係論をもとに、境界例の人びとの心のメカニズムを「分裂・スプリッティング」という特徴を見出した。これは、クラインのよい乳房と悪い乳房という概念を応用したものである。つまり、境界例の人は、乳幼児期の子どもと同じように、原始的な心性をもっているとしたのである。カンバーグは、後に統合的精神医学を構築し、アメリカ精神分析学会のリーダーとなった。一方、もう一人のリーダーである精神科医コフート

(Kofut, H.) は、自己心理学を創始した。コフートの提唱した理論は自我心理学の流れに属し、自己心理学は新しい時代の精神分析学として注目された。

第2節　分析心理学

ユング（Jung, C.G.）の提唱した分析心理学は、その内容が多岐にわたる。コンプレックスとその自立性、夢分析、集合的無意識や元型、タイプ論、共時性や布置などさまざまな形で紹介されている。

ユングの考え方は、心理学が意識に関する学問であり、どのようにして無意識が意識化されるのかということに重点がおかれている。

（a）言語連想検査

ユングは、対話を重視した臨床を行った。対話とは、双方の相互作用を始め、患者や治療者が自身の内面と向き合い対話することである。

また、治療の中で言語連想検査を用いた。言語連想検査とは、100語の刺激語（表1-4）を一つずつ示し、そこから連想される単語をできるだけ早く回答させることを2回繰り返して行い、反応時間を測定する。連想において、

表1-4　ユング連想検査の刺激語（河合、1967）[3]

1. 頭	21. インキ	41. 金	61. 家	81. 礼儀
2. 緑	22. 怒り	42. 馬鹿な	62. 可愛い	82. 狭い
3. 水	23. 針	43. ノート	63. ガラス	83. 兄弟
4. 歌う	24. 泳ぐ	44. 軽蔑する	64. 争う	84. 怖がる
5. 死	25. 旅行	45. 指	65. 毛皮	85. 鶴*
6. 長い	26. 青い	46. 高価な	66. 大きい	86. 間違い
7. 船	27. ランプ	47. 鳥	67. かぶら	87. 心配
8. 支払う	28. 犯す	48. 落ちる	68. 塗る	88. キス
9. 窓	29. パン	49. 本	69. 部分	89. 花嫁
10. 親切な	30. 金持ち	50. 不正な	70. 古い	90. 清潔な
11. 机	31. 木	51. 蛙	71. 花	91. 戸
12. 尋ねる	32. 刺す	52. 別れる	72. 打つ	92. 選ぶ
13. 村	33. 同情	53. 空腹	73. 箱	93. 乾し草
14. 冷たい	34. 黄色い	54. 白い	74. 荒い	94. 嬉しい
15. 茎	35. 山	55. 子ども	75. 家族	95. あざける
16. 踊る	36. 死ぬ	56. 注意する	76. 洗う	96. 眠る
17. 海	37. 塩	57. 鉛筆	77. 牛	97. 月
18. 病気	38. 新しい	58. 悲しい	78. 妙な	98. きれいな
19. 誇り	39. くせ	59. あんず	79. 幸運	99. 女
20. 炊く	40. 祈る	60. 結婚する	80. うそ	100. 侮辱

＊原語では「こうのとり」河合により文化差を考慮した訳となっている。

①反応時間の遅れ
②反応語が思いつかない
③刺激語をそのまま答えてしまう
④刺激語の誤解
⑤再検査の時の忘れ
⑥同じ反応語が繰り返される
⑦明らかに奇妙な反応
⑧前の反応の観念に固執する

など、反応に障害が現れる一連の言葉に注目し、それらの言葉が何らかの感情要因によって結ばれているコンプレックスを探るのである。

> 「抑うつ的性格を伴う分裂病」と診断された30歳女性の症例
> 主治医となったユングは、彼女に言語連想検査を実施した。その結果と彼女の夢から、抑うつ症状に陥ったきっかけは、昔、好きだった大金持ちの青年ハンスが彼女の結婚にショックを受けていたと友人に聞かされてからだった。ハンスに好かれていないと思った彼女は、泣く泣く別の男性と結婚したのだった。その後すぐに子どもがチフスで死んでしまった。ところが、彼女は子どもの死因が汚水の入った風呂の水を飲むのを止めなかったということにあると自覚していなかった。それは、結婚のあらゆる痕跡を消し去って、かつて恋した相手のために自由でありたいという無意識の願望からの行動であり、子ども殺しを自覚する代わりに、重い抑うつとなって自分を罰していることをユングは見出したのである。この女性は、その後二度と再発することはなかった。

(b) ユングの考えた無意識の概念

ユングは、人間の心の中を意識と無意識の層に分けるのみでなく、無意識をさらに個人的無意識（personal unconscious）と、普遍的（集合的）無意識（collective unconscious）とに分けて考えた。河合（1967）[3]は、以下のように説明している（図1-5）。

①意識
②個人的無意識：これは第一に意識内容が強度を失って忘れられたか、あるいは、意識が抑圧した内容、第二に意識に達するほどの強さをもっていな

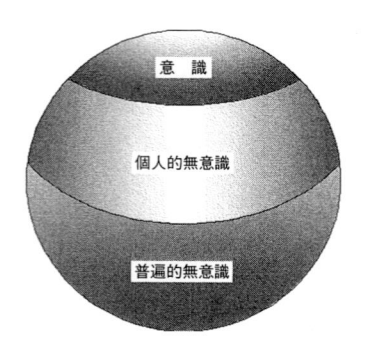

図 1-5 ユングの三層（河合、1967）[3]

いが、何らかの方法で心のうちに残された感覚的な痕跡の内容から成り立っている。

③普遍的無意識：これは表象可能性の遺産として、個人的でなく、人類に、むしろ動物にさえ普遍的なもので、個人の心の真の基礎である。

心の奥に人類に普遍的な層を発見したのは、ユングの無意識の捉え方の特徴である。ユングは分裂病患者の「太陽にペニスが見え、自分が頭を揺り動かすと、それも動くが、それが風の原因だ」という妄想が、古い書物に書かれている内容と一致しているという例を取り上げ、ほかにも神話やおとぎ話、夢、未開人の心性などに普遍的に共通しているものを見出した。

（c）**普遍的無意識と元型**

ユングは、普遍的無意識の内容が表現される中に、共通した基本的な型をみつけることができると考えた。それは、元型（archetype）といい、臨床の中で患者の夢やヴィジョンの中に現れるものにも、神話やおとぎ話のような時代や民族を越えたものにも共通した象徴として現れる。元型には、アニマ（anima）・アニムス（animus）、グレートマザー（great mother）、老賢者（wise old man）、シャドウ（shadow）などがある（**表 1-5**）。

（d）**タイプ論**

ユングは、フロイトへの離反に孤独感の中を彷徨い、精神病のような症状を示した。このころ、ちょうど人生の折り返し地点にさしかかり、いわゆる「中

表 1-5 おもな元型と元型イメージ

元　型	元型イメージ
アニマ・アニムス	男性の中の女性像をアニマ、女性の中の男性像をアニムスという。E・ユング (1976) によれば、アニマは、第一段階に肉体的アニマ、第二にロマンティックなアニマ、第三は霊的なアニマ、第四は知的なアニマと発展の段階を分類し、完熟度を示した。同様にアニムスは、力のアニムス、行為のアニムス、言葉のアニムス、意味のアニムスという発達段階をもつ
グレートマザー	生み出すとともに、すべてを呑み込んでしまう母親
老賢者	知恵を持ち、教え導いてくれる老人
トリックスター	ものがたりを一変させる道化者
シャドウ	自分の認めたくない、または正反対の人物像
ペルソナ	体面や社会的地位、役割のために人前で演出している仮面

年の危機」であったとも考えられる。ユングにとって『タイプ論』の執筆は、自らの人間観察や、精神史、文学からの洞察を得て、人間の普遍性や個別性を追求したものである。

　ユングとフロイトの違いが顕在化する前に、フロイトとアドラーが一人のヒステリー患者の発症原因をめぐり説を対立させていた。ユングは二人の学説の違いを分析し、両方とも正しいとした。それが二人の心理的タイプの違いから来ていることに気づいたからだ。つまり、観察する者には心理的タイプがあり、その心の構えによって、対象のどこに注目するかが違うにすぎないのである。

　心理的タイプとは、心的エネルギーが自分より外側に向きやすいか、内側に向きやすいかという心的態度「内向」「外向」を軸に、四つの心的機能「感覚」「直観」「感情」「思考」を組合せ分類された八つのタイプ性格（表 1-6）のことである。これによると、フロイトは、「外向」の性格なのに対し、アドラーは、「内向」の性格であったと考えられる。つまり人によって個性があり、ものの見方や判断の仕方が異なってくるのである。

　四つの心的機能は、「感覚」と「直観」を非合理機能とよび、ものの見方の特徴を示すのに対し、「感情」と「思考」を合理機能とよび、物事の判断の仕方の特徴を示す指標である。「感覚」と「直観」、「感情」と「思考」はそれぞれ対極にある。したがって、感覚機能をよく意識し好んで使う人は、直観機能

表 1-6　八つの心理的タイプ

	外　向	内　向
感　覚	外向感覚	内向感覚
直　観	外向直観	内向直観
感　情	外向感覚	内向感覚
思　考	外向思考	内向思考

が発達（意識）しにくい。また直観機能をよく意識し好んで使う人は、感覚機能が発達しにくい。「感情」と「思考」にも同様のことがいえる。このように、意識しやすく、使うことを得意とする機能を主機能といい、その対極の位置、つまりどの機能よりも無意識の深くにあるために未分化なものを劣等機能という。これら四つの心的機能は、主機能、補助機能、劣等機能として相補しながら、心のダイナミックスを形成しているのである。

（e）個性化の過程

　私たちは、中年の危機（ミッドライフ・クライシス）にさしかかったときには、今まで意識し、好んで使っていたものの見方や、判断の仕方では立ちゆかなくなってくる。むしろ意識して使ってこなかった劣等機能の中にこそ、自分が苦手な相手を理解する手がかりや、その局面を乗り越える手掛かりが隠されているものである。個人に内在する可能性を実現し、自我をより高次の全体性へと向かわせようと努力する過程をユングは「個性化の過程」とよんだ。「自分らしさ」を知り、受けとめることこそ、人生の究極の目的なのである。

【引用・参考文献】
（1）前田重治「図説臨床精神分析学 3」13、誠信書房（1985）
（2）Freud, S.（古澤平作訳）『続精神分析入門』〈フロイト選集（3）〉p.118、日本教文社（1953）
（3）河合隼雄『ユング心理学入門』p.66、p.93、p.94、培風館（1967）
（4）Babin, P.（小林修訳）『フロイト無意識の扉を開く』創元社（1992）
（5）Fairbairn, W.R.D.（山口泰司訳）『人格の精神分析学研究』文化書房博文社（1992）
（6）Freud, A.（黒丸正四郎・中野良平訳、1982）『自我と防衛機制』〈アンナ・フロイト著作集第 2 巻〉岩崎学術出版社（1996）

（7）Freud, S.（高橋義孝・懸田克躬訳）『精神分析入門』〈フロイト著作集第1巻〉人文書院（1971）
（8）Freud, S.（高橋義孝訳）『夢分析』〈フロイト著作集第2巻〉人文書院（1968）
（9）Freud, S.（懸田克躬・高橋義孝訳）『性欲論』〈フロイト著作集第5巻〉人文書院（1969）
（10）Freud, S.（中山元訳）『自我論集』ちくま学芸文庫（1996）
（11）Freud, S.（金森誠也編・訳）『性愛と自我』白水社（1995）
（12）Freud, S.（生松敬三訳）『自叙・精神分析』みすず書房（1975）
（13）Jones, E.『フロイトの生涯』紀伊國屋書店（1964）
（14）鈴木晶『図解雑学　フロイトの精神分析』ナツメ社（2004）
（15）鈴木晶『図説フロイト　精神の考古学者』河出書房新社（1998）
（16）Jung, E.(笠原嘉・吉本千鶴子訳)『内なる異性　アニムスとアニマ』海鳴社(1976)
（17）Jung, C.G.（小川捷之訳）『分析心理学』みすず書房（1976）
（18）Jung, C.G.（林道義訳）『タイプ論』みすず書房（1987）
（19）氏原寛『ユングを読む』ミネルヴァ書房（1999）
（20）Yaffe, A.（河合隼雄・藤縄昭・出井淑子訳）『ユング自伝』みすず書房（1972）

第2章
来談者中心療法

第1節　来談者中心療法とは

　来談者中心療法（client-centered therapy）はロジャーズ（Rogers, C.R.）によって1942年に提唱された心理療法である。来談者が何に傷つき、どのような経験を隠しているのか、どの方向に進みたいのか、どのように成長したいのかなどについて知っているのは来談者であり、自ら解決の方向に動いていける力をもっていることを治療者が信頼しているという意味が、この「来談者中心」という言葉に込められている。(1)ロジャーズは来談者の主体性に対して深い尊敬の念を寄せており、また潜在的な成長力に対して強い信頼を寄せている。この来談者中心療法は1940年代後半より次第に日本でも知られるようになり、1950年代には急速に広まり、その人間観や治療論は日本の心理臨床に多大な影響を与えてきた。

第2節　来談者中心療法の基礎理論

　来談者中心療法の基礎となっているロジャーズの自己理論（self theory）について、國分康孝の著書(2)を参考にして述べる。

（a）人間観

　ロジャーズの人間観の中心概念は有機体（organism）とセルフ（self）である。

注：この章では「クライエント」を「来談者」に、「セラピスト」「カウンセラー」を「治療者」に、また「セラピー」「カウンセリング」「精神療法」を「心理療法」にそれぞれ統一して記述し、同義に用いている。さらに、「パーソナリティ」と「性格」を区別せず同義に用いており、記述は参考文献に従った。

（1）有機体

ロジャーズは人間の本質を生物的なものとして考え、有機体といっている。つまり先天的に、成長、自律性、独立への傾向など自己実現に向かって進んでいく傾向（tendency toward self-actualization）をもっているという人間観である。

（2）セルフ（自己）

セルフはゲシュタルト心理学や現象学的アプローチに根ざす構成概念である。環境や対人関係のやりとりの中で自分というものを感じる意識、つまり自意識のことをセルフとよぶ。ロジャーズはセルフがセルフをどう評価しているか、自分が自分をどう評価しているか、ということが人間の行動を規定すると考えた。

さらに説明すると、セルフは有機体自身が直接に経験し価値づけたことの他に、他者との相互作用において投射された価値などによって形成されるとした。そしてセルフが発達していくにつれて、個人の行動はほとんどセルフの構造と矛盾しないかたで生起するようになると考えられている[3]。

（b）性格論

ロジャーズの性格論の中心概念は現象学（phenomenology）、自己概念（self-concept）、自己一致（self-congruence）の三つである。

（1）現象学

目で見える世界の受け取り方、主観の世界、認知の世界、意味づけの世界が本当のわれわれの世界であるという考え方が現象学である。ロジャーズは現象学的世界こそが実在だと考え、自分という存在をどう受けとめるか、つまり自分に対する現象学的世界を重視した。

さらに説明すると、個人が経験する世界は客観的で絶対的な実在の世界ではなくて、個人によってさまざまに知覚される私的な現象的場（phenomenal field）である、ということである。つまり、個人の行動は外界からの刺激によって直接に引き起こされるのではなくて、本人自身がそれらをどう経験し知覚するのかに規定されている。したがって、個人の行動の意味と原因を知るためには、外的な要因を分析するだけでは不十分であり、その個人の内的準拠枠（internal frame of reference）から理解する態度が必要である、とロジャーズは考えた[4]。

（2）自己概念

セルフがセルフ自身に対してもっている自己イメージ、現象学的に受けとめている自己への評価は自己概念と呼ばれ、これが性格の決め手であると考えている。したがって性格を変えることは後天的に形成された自己概念を変えることになる。

また、自己構造（自己概念の総体）と矛盾する経験は自分自身のものではないと否認してしまうか、歪曲して知覚されてしまうおそれがある。有機体にとって重要な意味をもっている経験であるにもかかわらず、それが自己構造の中に適切に取り入れられないときに個人の心理的不適応が生ずるのだとロジャーズは考えた。[5]

（3）自己一致

ロジャーズは、健全な人間とはあるがままの自分（actual self）になりきっている人間であると考えている。このあるがままの自分と思い込みの自分（idealized self）にギャップがあり、不一致があると生活が不自由で、行動に不自然さが伴い、不安や緊張感が続くことになる。したがって、「こうあらねばならぬ」ということにとらわれず、自分の本音に正直に生きている状態、つまり自己一致の状態に近づいていくことが目標になる。

（4）自己構造と経験

上述の性格と行動について、ロジャーズは図式的に説明しているので紹介する。[6] 図2-1は全体的パーソナリティを示しており、自己構造と経験からなる。

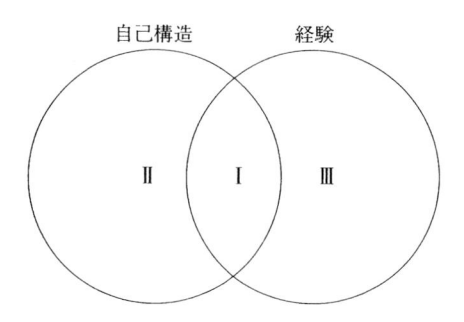

図 2-1 全体的パーソナリティ（ロジャーズ、1951 所収の図を簡略化）

① 自己構造

　この円は、自己構造、もしくは自己概念として定義されている諸概念の形態をあらわす。それは、個人の特性や関係についての定型化された知覚（patterned perception）を、それらの知覚と結びついているいろいろな価値とともに示すものである。それは、意識化することができる。

② 経　験

　この円は、感覚的・内臓的経験の直接の場をあらわす。それは、すべての感覚様式（sense modality）を通して、個人によって経験される一切をあらわしている。それは、ある一つの流動的な、変化している場である。

③ 第Ⅰ領域

　現象の場のこの部分では、自己概念および関係のなかの自己（self-in-relationship）の概念は、感覚的・内臓的経験によって供給される証拠と調和しており、あるいは、一致している。

④ 第Ⅱ領域

　この領域は、社会的もしくはその他の経験が、象徴化されるにあたって歪曲され、その個人自身の経験の一部として知覚される現象の場の部分をあらわすものである。

⑤ 第Ⅲ領域

　この領域には、自己構造と矛盾対立するがゆえに、意識することを否認されているような感覚的・内臓的経験がある。

　この自己理論に基づいている来談者中心療法は、来談者が自己実現したい方向に自己概念を変えていくこと、言い換えれば、自己不一致を自己一致に至らしめる心理療法である。さらに、有機体としての人間が最高に実現された状態は「十分に機能する人間（fully functioning person）」とよばれ、来談者中心療法の目標である。

第3節　治療者のとるべき姿勢

　来談者の自己概念が建設的な方向に変容していくための条件について、ロジャーズは1957年に発表した論文「治療的パーソナリティ変化の必要にして

十分な条件」で治療者の姿勢を以下のように述べている[7]。
　①治療者と来談者が心理的な接触をもっていること
　②来談者は不一致の状態にあり、傷つきやすい、あるいは不安の状態にあること
　③治療者はこの関係の中で一致しており、統合されていること
　④治療者は来談者に対して、無条件の肯定的な配慮を経験していること
　⑤治療者は来談者の内部的照合枠について共感的理解を経験しており、この経験を来談者に伝達するように努めていること
　⑥治療者は④と⑤の状態にいることを来談者に伝達するということが、最低限に達成されること

　これらのうち、③〜⑤の「一致」：純粋さ、「無条件の肯定的な配慮」：受容、「共感的理解」が治療者側の態度、姿勢として特に重視されている。
　臨床的には、自己構造と矛盾するいっさいの経験は自己を脅かすものとして知覚され、自己は現在の体制をさらに強固なものにし守ろうとする。したがって説得的で解釈的な方法は治療上十分な効果を上げることができない。よって、自己構造になんらの脅威ももたらさない許容的な条件こそが必要とされるものであり、そうした条件のもとで初めて自己は新しい経験を取り入れ、構造を再体制化することが可能になるのである。このような考え方が来談者中心療法の基本である[8]。

第4節　コミュニケーションの基本的技法

　来談者と信頼関係を築きつつ、問題の核心に迫るための技法について応答事例を示して紹介する。

(a) 受　容
　治療者は来談者の話を傾聴し、非審判的に、許容的な態度で受け容れる。自分の価値観は心の隅においておき、手ぶらになって来談者の世界に入っていく。
　具体的には、「そうなんですね」「なるほどね」などの素直な応答や相づち、うなづきなどの非言語的コミュニケーションで治療者の受容的な態度が相手に伝わっていく。

(b) 繰返し

来談者の話したポイントをつかまえて、それを来談者に投げ返す。これには確認する気持ちを込めてポイントを復唱する場合と、要点をまとめ、治療者の言葉に置き換えていう場合がある。

【復唱の例】
来談者：「私はこれから先の生活が不安でたまらないんです。どうにかしようと思ってあせってばかりいるんです。」
治療者：「あなたは不安でたまらないんですね。あせってしまうんですね。」

【置き換えの例①】
来談者：「主治医は私の話をちっとも聞いてくれないんです。薬のこともあまり説明してくれないんですよ。親身になって診てくれている感じがしないんです。」
治療者：「あなたは主治医に対して不満があるんですね。」

【置き換えの例②】
来談者：「私の父は、髪は染めるな、スカートは短くするな、門限は守れとか、私のすることにいちいちうるさいんですよ。」
治療者：「お父さんはあなたに干渉的なんですね。」

(c) 支　持

来談者の考えや気持ちに同調していることを表現する。積極的に賛意を表明する。

【支持の例①】
来談者：「私は人前に出ると、何もできなくなるんです。」
治療者：「みんなの視線が自分に集まると、緊張しますよね。」

【支持の例②】
来談者：「タバコをやめたいんですけど、いつも失敗してしまうんですよ。」
治療者：「これまでの習慣を変えるのは、そう簡単なことではないですよね。」

(d) 明確化

来談者が心の奥でなんとなく思ってはいるけれども、まだはっきりとは意識化していないところを治療者が言語化すること。ホンネが出るのを助ける。

【明確化の例①】

来談者：「私と同じような悩みで相談に来る人もいますか。」
治療者：「こんなことで悩んでいるのは私一人くらいじゃないかしら、と思っているんでしょうね。」

【明確化の例②】
来談者：「私の友だちのご主人さんは忙しくても、家事を自分から進んでやるんだそうですよ。」
治療者：「あなたのご主人さんは家事に協力的ではないから、そこに不満があるんでしょうね。」

　この「支持」と「明確化」の技法は、治療者が来談者の話から心の状態を推測したり読み取ったりすることなので、場合によっては来談者の心からピントがずれた応答になる危険性もある。治療者の感受性や想像力が試されるところではあるが、失敗を恐れずに、この技法を使う努力をしてほしい。自らピントはずれに気づいたり、来談者に指摘されたりした場合は、すぐさまそれを訂正すればいいので、さほど大きな問題にはならない。来談者の心を理解しようとしている治療者の努力や態度は伝わる可能性があるからである。

（e）質　問

　来談者の感情の動きや思考の展開を助けるために質問し、必要な情報を手に入れる。質問する場合は来談者の思考や話の流れをさえぎらないように、適切なタイミングで、来談者の語ったことに関連のあるところから聞くこと。また、来談者が自由に言葉を選ぶことができ、いろいろな表現で答えることができるようにするために、「ハイ・イイエ」では答えられないような聞き方、つまり下記の例のような「開かれた質問（open-ended question）」をすることが大切である。

【例1】閉じられた質問を開かれた質問に訂正する
　質問①：「就職試験に落ちたとき、あなたはがっかりしましたか。」
　訂正例：「就職試験に落ちたとき、あなたはどんな気持ちになりましたか。」
　質問②：「学校に行こうと思うと、怖くなるんですか。」
　訂正例：「学校に行こうと思うと、どんな気持ちになるんですか。」

【例2】「なぜ」「どうして」を使わず、開かれた質問で応答する
　来談者①：「母は私をいつも子ども扱いするんです。」

第2章　来談者中心療法

Ⅰ部　理論編

応答例　：「子ども扱いしてくるお母さんをどう思いますか。」
来談者②：「父に結婚を認めてもらいたいけど、やっぱり言えないんです。」
応答例　：「お父さんに話したら、どのようになるとお考えですか。」

　質問をする場合のもう一つの留意点は、来談者が嫌がることが予想される事柄や、その内容を話題として扱えるだけの心の準備が整ってない場合などにはできるだけ後回しにし、信頼関係が十分構築されてから質問することである。
　その時機になり、質問ができる関係になった場合であっても、「これから尋ねることはあなたを嫌な気持ちにさせてしまうかもしれないけど、重要なことなので質問してもいいですか。」あるいは、「もしかしたら、あなたにとって答えにくい質問かもしれないけど、聞いてもよろしいですか。」などと前置きして、心の準備をさせてから切り出していく配慮をするとよい。このようにすると、治療者が来談者の気持ちに理解を示しながら、質問をしていることが伝わるので抵抗感が少なくなる。
　以上、来談者中心療法の基本的なコミュニケーション技法である、受容、繰返し、支持、明確化、質問について解説した。しかし、実際の治療場面でこれらの技法を使う場合、必ずしもこの順序で使うわけではなく、臨機応変に適切な応答を使い分けることになる。また、この五つの技法すべてを毎回の治療で必ず使用するわけでもない。どのような場合であっても、これらの技法を駆使していると関係性が深まり、来談者の問題の核心が明確になっていく。
　ただし、治療場面で来談者を目の前にして、ここは支持がいいのか、それとも繰返しが適切か、などと考えたり吟味したりしながら応答することは望ましくない。治療を展開させたり、来談者の感情をくみ取ったりする中で自らの応答にこれらの技法が自然に織り込まれるよう熟練していることが治療者には求められる。

第5節　心理療法の過程

　心理療法によって来談者のパーソナリティが変化していく過程をウォーカー（Walker, A.M.）らは表2-1のような図式で示している[9]。
　ストランズは「より糸」のことで、来談者の変化の次元を示している。この

表 2-1 一般的過程連続線の図式（ウォーカーら、1960）

ストランズ (strands)	過程の段階		
	低（Ⅰ〜Ⅱ）	中（Ⅲ〜Ⅴ）	高（Ⅵ〜Ⅶ）
感情と個人的意味づけ Feelings and personal meanings	認められない 表出されない	自分のものであるという感じ（ownership）が増大する 表出が増大する	流れの中に生きる 十分に体験される
体験過程 (Experiencing)	体験過程から遠く離れている 意識されない	遠隔感が減少する 意識が増大する	体験する過程の中に生きる 重要な照合体として用いられる
不一致 (Incongruence)	認識されない	認識が増大する 直接的体験過程が増大する	一時的にだけある
自己の伝達 Communication of self	欠けている	自己の伝達が増大する	豊かな自己意識が望むままに伝達される
体験の解釈 Construing of experience	構成概念が硬い 構成概念が事実としてみられる	硬さが減少する 自分自身が作るものという認識が増大する	一時的な構成概念 意味づけが柔軟で、体験過程に照合して検討される
問題に対する関係 Relationship to problems	認識されない 変えようとする要求がない	責任を取ることが増大する 変化することをこわがる	問題を外部的対象物として見なくなる 問題のある側面の中に生きている
関係のしかた Manner of relating	親密な関係は危険なものとして避けられる	危険だという感じが減少する	瞬時的体験過程にもとづいて開放的に、自由に関係をもつ

（簡潔に示すために，一般的過程の連続線上の低，中，高の段階についてのみ，各ストランドの顕著な特性を示した。本来の研究では，7段階に区別されている）

　七つのストランズは、心理療法の初期には互いに関連がなくバラバラで固定した「支流」をなしているのであるが、心理療法が進展していくにつれて、一つの流動する「本流」に合流していき、より合わされるようになるという。心理療法のなかで、来談者が治療者に受容されていると感じると、一般的には機能が固着し、構造が硬くなっている状態から、より大きな開放性、流動性、変易性の方向へと変わっていく、すなわち、来談者は停滞からプロセスへの連続線に沿って移っていく傾向があると彼らは提唱した。[10]

第6節　来談者中心療法の発展

来談者中心療法の歴史的発展段階を**表 2-2** に示した。この表は、畠瀬稔(はたせみのる)が作成した表に池田淑美(いけだきよみ)が追加・修正したもの[11]の一部である。

ロジャーズの心理療法は、初期には非指示的療法（non-directive therapy）として広く知られていった。来談者自身が自分で問題を解決し、成長してゆく者としてみなされ、治療者は、来談者が自己の感情・態度を認知して、それらについて安心して語ることのできる条件・雰囲気を作る者とされ、来談者に指示的なアプローチをしないことが強調されていた。

表 2-2　来談者中心療法の発展段階（池田淑美、1994、表の一部を掲載）

	治療者のおもな活動	来談者のパーソナリティ変化の基本的要因
第1段階 非指示的療法 （1940〜1950）	・許容的雰囲気を作ること ・受容と感情の明瞭化 ・来談者に指示しないことの強調	・自己自身と置かれた状況についての洞察の達成（知的・認知的側面の強調が残っている）
第2段階 来談者中心療法 （1950〜1957）	・感情・態度の反射の強調 ・来談者中心を強調	・自己概念と現象的場の一致を発展させること
第3段階 体験過程療法 （1957〜1964）	・基本的態度を表現するために、形式ばらないさまざまな方法を取ること ・来談者の体験過程に焦点を合わせること ・治療者の体験の過程を表現すること	・自己経験、対人経験における体験の過程がより自由に、解放的に、流動的になされるようになり、その直接の体験過程から新しい概念化を得ていくこと
第4段階 エンカウンター・グループ （1964〜1968）	・ファシリテーターは、グループに心理的に安全でかつ受容的な雰囲気を作ること ・グループメンバーの成長の力を信じること ・ファシリテーターの自己表現を自由にすること	・出会いの経験による自己の再発見と心理的成長 ・他者との関係が真実になり、対人関係が変化すること
第5段階 パーソン・センタード・アプローチ （1968〜1987）	・これまでの来談者中心療法の基本的人間観を個人から世界へと広げること	・人間中心の人間関係を促進させること

しかし1950年代に入ると、この「非指示的」という標語がもたらす受け身的で無干渉的なニュアンスを払拭するため、「来談者中心」という表現を用いた。来談者の可能性を信じ尊重し、来談者の内的枠組で治療者がともに考え、感じようとする態度こそが、治療にとって不可欠なものであるとされた。

1960年以後は、ロジャーズの指導を受けたジェンドリン（Gendlin, E.T.）が体験過程療法（experiential therapy）を展開させた。これは内的な感覚として感じられる心の動きである体験過程に焦点を合わせ、そこに含まれている豊かな意味をくみ取っていく心理療法で、フォーカシング（focusing）とも呼ばれている。

ロジャーズ自身は個人療法から次第に集団療法であるエンカウンター・グループ（encounter group）にエネルギーが注がれていった。これは、グループ内での人間的出会いの経験を通して、個人が心理的に成長し、対人関係が真実なものとなり、自己理解・他者理解が深まっていくことを目指すものである。このグループでは治療者はおらず、ファシリテーター（促進者）と呼ばれる者が参加メンバーの人間的な感情交流とグループの成長が促進される雰囲気をつくる役割を取る。

また、1970年代には、治療から日常の援助関係に関心が移り、教育や家庭の問題、政治や社会の問題等に来談者中心療法の原理を応用し、パーソン・センタード・アプローチ（person-centered approach）を実践した。彼はこのアプローチを「静かなる革命」とよび、国際平和にも目を向け、世界的規模の平和プロジェクトも実施した。

【引用・参考文献】
（1）野島一彦「クライエント中心療法」、氏原寛・亀口憲治・成田善弘・東山紘久・山中康裕編『心理臨床大事典（改訂版）』培風館、pp.307-312.（2004）
（2）國分康孝『カウンセリングの理論』誠信書房（1980）
（3）末武康弘「ロジャーズ——ジェンドリンの現象学的心理学」、氏原寛・亀口憲治・成田善弘・東山紘久・山中康裕編『心理臨床大事典（改訂版）』培風館、pp.131-135.（2004）
（4）末武康弘、前掲書（3）
（5）末武康弘、前掲書（3）

（6）ロジャーズ, C. R.（伊東博編訳）『パースナリティ理論』〈ロージャズ全集8〉岩崎学術出版社（1967）
（7）ロジャーズ, C. R.（伊東博編訳）『サイコセラピーの過程』〈ロージャズ全集4〉岩崎学術出版社（1987）
（8）末武康弘、前掲書（3）
（9）ロジャーズ, C. R. 前掲書（7）
（10）野島一彦、前掲書（1）
（11）池田淑美「来談者中心療法」、長谷川浩一編『心の健康を考える—臨床心理学トゥデイ—』ミネルヴァ書房、pp.136-143.（1994）
（12）國分康孝『カウンセリングの技法』誠信書房（1979）
（13）ソーン, B.（諸富祥彦監訳、1992）、カール・ロジャーズ、コスモス・ライブラリー（2003）
（14）東山紘久編『来談者中心療法』ミネルヴァ書房（2003）

第3章
行動療法・リラクセーション法

第1節 行動療法の理論的基盤

（a）行動療法と学習理論

　行動療法（behavioral therapy）とは、学習理論（learning theory）の原理に基づいて人間の行動や情動の変容を図る臨床心理学的な介入技法（心理療法）の総称のことである。行動療法の大きな特徴は、学習理論を理論的基盤としているところにある。学習理論とは、学習成立のメカニズムを解明することで、生活体の行動の予測と制御の原理を構築する心理学の研究分野である。学習という言葉は、一般的には「勉強する」という意味で用いられることが多いが、心理学では学習をもっと広い意味で定義している。心理学でいう学習とは、経験によって生じる比較的永続的な行動や態度の変容のことを指す。比較的永続的な行動や態度の変容とは、運動技能、記憶、思考、対人関係、言語などの獲得や変化のことを表す。したがって、サーカスの動物が芸を覚えたり、オウムが言葉を覚えたりするのも、人間が自転車に乗れるようになったり、外国語を話せるようになったり、特定の政党を支持するようになったりするのも学習の結果であるといえる。

　学習理論は、パヴロフ（Pavlov, I.P.）の条件づけ研究やワトソン（Watson, J.B.）が1913年に提唱した行動主義心理学などによって発展した。代表的な学習理論として、
　①レスポンデント条件づけ（respondent conditioning）の理論
　②オペラント条件づけ（operant conditioning）の理論
　③社会的学習理論（social leaning theory）
の三つがあげられる。行動療法には学習理論に基づいて開発されたさまざまな

技法があるが、この三つは行動療法の諸技法にとって重要な理論的基盤となるものである。

（b）**レスポンデント条件づけ**

　レスポンデント条件づけは、古典的条件づけ（classical conditioning）ともいわれる。この理論の成立は、パヴロフによる条件づけの研究に始まる。周知のように、パヴロフはイヌを被験体にしてレスポンデント条件づけの実験を行った。イヌに肉片を与えると唾液分泌が生じる。この唾液分泌は生得的な反応であり、条件づけの手続きを行わなくても自然に（無条件で）生起する反応である。そのために、この場合の肉片を無条件刺激（unconditioned stimulus）とよび、唾液分泌を無条件反応（unconditioned response）という。パヴロフの実験の眼目は、条件刺激（conditioned stimulus）としてベルの音を肉片と対呈示したことにある。ベルの音と同時に肉片を与えることを繰り返すと、ベルの音を聞いただけでも唾液分泌が生じるようになる。イヌはベルの音を聞くと唾液を分泌するという新しい反応を学習したのである。ベルの音と肉片とを対呈示する手続きを条件づけとよび、条件刺激としてのベルの音で誘発された唾液分泌を条件反応（conditioned response）という。

　レスポンデント条件づけが成立しても、ベルの音だけを何度も呈示して肉片を与えなければ、唾液分泌はやがて消失する。つまり、条件刺激（ベルの音）のみを呈示して無条件刺激（肉片）を与えなければ、条件反応（唾液分泌）は生起しなくなる。この条件反応を消失させる手続きを消去（extinction）という。レスポンデント条件づけはイヌ以外の動物や人間にも可能である。レスポンデント条件づけの手続きによって発汗、瞬目、血圧・心拍数の増減などの不随意反応や緊張、不安、恐怖などの情動反応を条件づけることもできる。ワトソン（Watson, J.B.）とレイナー（Rayner, R.）が11カ月になる子どもに、シロネズミと同時に金属音を呈示して、シロネズミに対する恐怖反応を条件づけたことは有名である。恐怖症の治療には、レスポンデント条件づけの理論を応用した行動療法の技法が有効であることも知られている（くわしくは第3節を参照）。

（c）**オペラント条件づけ**

　オペラントという言葉はスキナー（Skinner, B.F.）の造語で、「自発する」とか「行動する」という意味をもつ。オペラント条件づけの基本原理は「行動の

変容は、その行動に随伴する結果によって生じる」ということである。スキナーはオペラント条件づけの原理を明らかにするために、動物の自発的行動の形成と変容のメカニズムについての実験を多数行っている。たとえば、レバーを押したら餌が出てくる装置（スキナー箱）の中にラットを入れると、ラットはレバーを押すという自発的行動に、餌の出現という結果が随伴することを学習するようになる。そして餌を獲得するために、レバー押し行動の生起頻度が上昇するようになる。このように、特定の自発的行動を形成したり変容させたりするための手続きをオペラント条件づけという。

　望ましい行動を形成させるためには、望ましい行動が出現した直後に報酬となる事象を出現させることが有効である。特定の自発的行動に報酬を随伴させることで、その行動の生起頻度を高める手続きを強化という。ラットのレバー押し行動は、餌の出現によって強化されるのである。行動を強化するために使用される餌などの報酬を強化子とよぶ。強化はラットのレバー押し行動に限らず、人間の行動形成にも有効である。たとえば子どもが自発的にある行動をしたときに、大人から誉められればそれが報酬となってその行動の生起頻度が高まるが、反対に叱られればそれが罰となって行動が弱められるようになる。行動療法ではオペラント条件づけの手続きを応用することによって、適応行動の形成や不適応行動の変容が可能であると考えられている。

（d）社会的学習理論

　社会的学習理論とは学習成立過程に認知的要因を組み込んだ包括的な学習理論のことで、バンデューラ（Bandura, A.）が提唱した。レスポンデント条件づけとオペラント条件づけの理論の大部分は、動物実験の成果に基づいて形成されている。動物の学習は、行動を生起した後に餌を獲得するなどの直接的な体験によって成立するものである。たしかに人間にとっても直接的な体験は重要であるが、人間の場合は、他人が何らかの行動をした後に報酬を受ける場面を目撃するなどの間接的な体験を通しても学習が成立する。具体的には、教室の掃除をまじめにしていた子どもが先生にほめられることによって、ほかの子どもも同じような行動を行うようになることなどはその一例である。バンデューラは、このような他者（モデル）の行動を観察することによって成立する学習を観察学習（observational learning）とよんだ。観察学習のことをモデリング

（modeling）とよぶ場合もある。

　子どもは親や教師の行動に影響されてそれを模倣することが多いが、成人も他者の行動に大きな影響を受ける。適切な自己主張ができないとか、社会的な場面でどのように振舞えばよいのかがわからないなど、適応行動が上手にとれない成人の場合にも、モデルが適切な行動を手本として示すことで適応的な行動が形成されるようになると考えられている。そして、社会的学習理論に基づいた行動療法の技法も開発されている。

第2節　行動療法の成立

　行動療法の理論的基盤は学習理論であり、学習理論の中にもさまざまな理論体系があるように、行動療法の技法にもさまざまな種類がある。それぞれの技法の開発には多くの研究者が関与しており、治療効果に対する科学的な実証性の検討が行われている。実証性のある技法が体系化されて心理療法として成立したのが行動療法であり、科学的な実証性を重視したところがほかの心理療法と大きく異なる点でもある。精神分析療法などの多くの心理療法には特定の創始者がいて、その創始者が提唱したドグマのようなものがあり、それが後継者によって引き継がれ、やがてさまざまな分派に分かれるといった成立・発展過程をたどっている。一方、行動療法には特定の創始者やドグマのようなものはない。行動療法は、多数の実験研究の成果とそれらから導き出された理論と技法が臨床的に適用されることによって初めて心理療法として成立したのであり、さまざまな理論と技法が統合され体系化されることによって発展したのである。行動療法の特徴としては、

　①時間・労力ともに経済的であること

　②手続きがわかりやすく客観的であること

　③効果が測定しやすいこと

があげられる。[1]

　行動療法という言葉は1953年にスキナーらによって初めて用いられ、1959年にアイゼンク（Eysenck, H.J.）が統一した治療法の概念として「行動療法」を提唱した。[2] 1960年刊行のアイゼンクによる『行動療法と神経症』（"Behavior therapy and the neuroses"）は行動療法が広く知られるきっかけとも

なった。アイゼンクは科学的な臨床心理学の確立を目指すことの必要性を説き、種々の問題行動や症状は学習理論の諸法則から説明することが可能で、その治療も学習理論に基づいて行うことができるとして、学習理論に基づいた諸療法を行動療法と総称すると述べた[3]。

行動療法は、症状の背後に無意識を仮定する精神分析療法とは異なり、無意識的な葛藤を探ることなどを治療目標にはしていない。行動療法で問題となるのはあくまでも症状そのものであり、症状の消失、変容、軽減が第一の治療目標となる[4]。そして、クライエントの示す症状は、学習の原理にしたがって後天的に獲得されたものにほかならないので、学習の原理を応用した技法によって治療することが可能であると想定されている。行動療法では客観的で観察可能な具体的行動が治療対象となるのであるが、それにはチックや強迫行為のような運動反応だけではなく、ポリグラフによって測定可能な生理的反応や、強迫観念や恐怖イメージのような公共的には観察できない内潜事象も含まれる。内潜事象の場合は観念内容自体を問題にするのではなく、言語報告としての行動が問題となる[2]。

第3節　行動療法の諸技法

行動療法には学習理論に基づいた数多くの介入技法がある。レスポンデント条件づけの理論に基づいた技法は、不安や恐怖などの情動反応に対して特に有効であり、完成度の高い理論モデルをもっている。代表的な技法としては、系統的脱感作法（systematic desensitization）、フラッディング（flooding）などがある。オペラント条件づけの理論に基づいた技法は、不適切な行動の除去・修正や適切な行動の習得に有効であると考えられている。代表的な技法には、オペラント条件づけ法（operant conditioning technique）がよく知られている。社会的学習理論に基づく技法は、恐怖・不安の低減や適切な生活習慣の獲得などを目的として適用される。代表的な技法には、モデリング（modeling）や行動リハーサル（behavioral rehearsal）などがある。

（a）レスポンデント条件づけの理論に基づいた技法

（1）系統的脱感作法

系統的脱感作法はウォルピ（Wolpe, J.）が考案した技法で、主に恐怖症や不

安障害の治療に有効であると考えられている。具体的には、クライエントが恐怖や不安に直面しているときに、これらと両立しない反応であるリラクセーション反応（筋弛緩反応）を同時に生起させる（脱感作）ことで、恐怖や不安の反応を段階的に（系統的に）消去する技法である。

この技法を適用する場合には、まずはクライエントの訴える不安や恐怖の内容を検討する。すなわち不安を引き起こす状況を具体的に聴いて、不安階層表を作成する。不安階層表では不安を引き起こす状況を不安強度の低いものから高いものへと配置して、クライエントの不安を感じる状況と不安強度を具体的に把握できるようにする。表3-1は、不安をまったく感じない状況を0として、不安の最も高い状況を100としている。そして0から100までの間に、さまざまな状況が不安の低い順に並べられている。

次に、リラクセーション法（relaxation technique）を習得できるようにする。系統的脱感作法で使用するリラクセーション法としては、自律訓練法（autogenic training）や漸進性弛緩法（progressive relaxation）が知られている（リラクセーション法については第4節を参照）。クライエントがリラクセーション法を習得したら、不安・恐怖刺激の呈示を行う。不安・恐怖刺激の呈示方法としては、イメージを用いる場合と現実の刺激を用いる場合とがある。前者をイメージ脱感作（imaged desensitization）とよび、後者を現物脱感作（in

表 3-1 不安階層表の例 （長谷川、1969をもとに作成）[5]

0	家で家族と話をしながら食事をしている。
10	親しい友だちと電話で話している。
20	友人二、三人と話をしている。
30	友人（一人）と正視して話している。
40	先生と（研究室などで個人的に）話し合う。
50	授業中に指名されて自分の答えを発表する。
60	教室に前の入口から入る。
70	大勢の学生の前で自分の意見を発表する。
80	同年齢のすてきな異性と話をしている。
90	大学キャンパス内で学生が大勢いるところを通る。
100	クラス・サークルなどの集まりで自己紹介する。

vivo desensitization）というが、臨床的にはイメージ脱感作が適用されることが多い。

　クライエントは不安階層表に基づいて、不安や恐怖の程度が低いものから順番にイメージしていく。イメージをしているときに、もしも不安や恐怖を感じるようであれば、そこでリラクセーションを行う。リラクセーションは不安や恐怖に拮抗する反応であるので、拮抗作用により不安や恐怖が抑制されると考えられている。このような手続きを逆制止（reciprocal inhibition）とよぶ。リラクセーションを行うことで不安や恐怖が消失したら、不安や恐怖の程度が高い場面をイメージする。そして段階的に脱感作を行い、やがて最も強度の高い場面をイメージしても不安や恐怖を感じないようにしていく。

（2）フラッディング

　フラッディングは、スタンプフル（Stampfl, T.G.）とレビス（Levis, D.J.）がインプローシブ療法（implosive therapy）として始めたものである(6)。系統的脱感作法では最初は不安・恐怖の強度が弱い刺激から始めて段階的に強い刺激を呈示するのだが、フラッディングでは不安・恐怖の程度が最も高い刺激を最初からクライエントに呈示する。そして、系統的脱感作法のようなリラクセーションは行わず、できるだけ長いあいだ刺激に直面するようにさせる。このように逃げる余地なく不安・恐怖刺激に長時間さらす手続きをフラッディングとよぶ。この技法は、強迫性障害と広場恐怖症の治療にはとりわけ効果が高いと考えられている。

　強迫性障害の場合には、一定時間クライエントに強迫行為をさせないでおく。たとえば不潔恐怖が強い場合には、手洗いを禁止したうえで雑巾などに触れさせておく。クライエントにとっては最大限の苦痛を体験することになるのだが、苦痛を乗り越えることができれば強迫的な症状が劇的に消去されると考えられている。クライエントの強迫行為が持続するのは、その強迫行為自体に一時的であれ不安を回避する効果があるからである。不潔恐怖が強い場合には、雑巾などに触れた後に強迫的な手洗いを行うことが、不安軽減のための回避・逃避反応となる。不安が軽減されるために強迫行為が強化され、症状が持続するのである。強迫行為を治療するためには、回避・逃避反応を起こさせないように強迫行為を阻止（反応妨害）しながら、不安刺激を呈示（フラッディング）す

る必要がある。反応妨害をしたうえで不安刺激に曝すことから、この方法を暴露反応妨害法（exposure with response prevention）とよぶこともある。反応妨害がなされることで不安軽減という強化が与えられなくなり、それが不安・恐怖反応の消去をもたらすと考えられている。さらに、強迫行為をしなくても無事に過ごせたという事実はクライエントの自己効力感（self-efficacy）を高め、それが治療効果を高めると考えられている。

（b）**オペラント条件づけの理論に基づいた技法**

オペラント条件づけの理論に基づいた方法は、一般的にはオペラント条件づけ法として知られている。それは、オペラント条件づけの原理を利用して望ましい行動の形成や望ましくない行動の消失を図るものである。適用範囲は広く、知的障害や広汎性発達障害などの発達障害児者や神経症者の行動変容などに有効であると考えられている。オペラント条件づけ法の中にもさまざまな技法があるが、ここではシェイピング（shaping）とトークン・エコノミー（token economy）について説明する。

（1）シェイピング

シェイピングは正の強化法（positive reinforcement）の一種でもあり、行動レパートリーの中に存在しない行動を新たに形成しようとするときに適用される。特に発達障害児の行動形成に有効であり、自閉症児の言語形成法などには目覚しい効果をあげている[7]。シェイピングではまずはじめに習得すべき目標を細かく設定しておき、望ましい行動が生起したら強化子を与える。強化子としては食餌性強化子として飴玉、チョコレート、ジュースなどがあり、社会性強化子としては賞賛、抱き上げ、注目、微笑などがある。自閉症児の言語形成では、子どもが遊戯室などで遊んでいるときに、適切な言語や発声が生起したらすぐに強化子を与える。最初のうちは単に「声が出たとき」に強化子を与えるが、そのうちに「適切な音素が出たとき」に与えるようにして、最終的には「意味ある単語が出たとき」に強化を行うというように、スモールステップで目標に近づくことを援助する。

（2）トークン・エコノミー

トークン・エコノミーは、望ましい生活習慣の確立などの適応的行動の形成に有効であると考えられている。トークンとは代用貨幣という意味で、一般的

にはシールやカードなどを用いる。望ましい行動が生起したら強化子としてトークンを与え、トークンの数が一定数になったら本人の欲しい物と交換できるようにする。たとえば、基本的な生活習慣を形成するために、子どもと話し合って

「帰ってきたら宿題をする」
「ご飯の後に後片付けを手伝う」
「8時半になったらお風呂に入る」
「9時までに就寝する」

などの約束事を取り決めたうえで表を作り、実行できたらそれぞれにトークンとしてシールを貼っていく。そして、一定数のシールが貯まったら、あらかじめ約束しておいた品物などの特典と交換できるようにする。特典は品物だけではなく、子どもをどこかに連れて行くとか、テレビゲームをする時間を増やすなどでもよい。

（c）社会的学習理論に基づいた技法

社会的学習理論に基づいた技法ではモデリングが代表的な技法である。モデリングは、後述のように行動リハーサルとともに主張訓練や社会的技能訓練にも採り入れられている。モデリングではクライエントの構え、期待、自己効力感などの認知的要因の変容が想定されている[8]。したがって、モデリングは行動療法の技法というよりは認知行動療法の技法とみなされることもある。クライエントの思考や信念などの認知的要因を重視して、クライエントの認知的要因が変化するように介入することが行動変容につながるという考えは、エリス（Ellis, A.）の論理情動療法（rational-emotive therapy）やベック（Beck, A）の認知療法（cognitive therapy）にも採り入れられ、これらは認知行動療法の発展を促した（くわしくは第4章を参照）。

（1）モデリング

モデリングとは、モデルの適切な行動を呈示することによって、クライエントに望ましい行動を習得させる方法である。この方法は、古くはジョーンズ（Jones, M.C.）によって社会的模倣として指摘されていた[9]。ジョーンズは動物恐怖症の子どもを治療するときに、ほかの子どもが動物と遊んでいる場面を観察させることで良好な治療効果を得ることができたと報告した。このように、

モデリングは恐怖や不安を克服するのにも有効であると考えられている。動物と遊ぶことがクライエントにとっては恐怖を引き起こす状況であっても、その状況をモデルが難なく切り抜けているのを観察すれば、この経験はクライエントが恐怖を克服するのに有効に作用すると考えられている。

　モデルの呈示方法には、モデルがクライエントの前で直接的にモデリングをする方法、映像などを通して間接的にモデリングを呈示する方法、治療者の教示によってクライエントがイメージの中でモデリングをする方法などがある[9]。イメージを用いたモデリングは、内潜モデリング（covert modeling）とよばれることもある。また、参加モデリング（participant modeling）という方法では、最初にクライエントは安全な場所でモデルの行動を観察するが、その後、モデルと行動をともにする。すなわち、動物恐怖の人が動物と一緒に遊ぶモデルの行動を観察するだけではなく、モデルと一緒に動物に触れることを求められる。これは、モデルの行動を観察して情報を得る経験（代理経験）と直接的な実行（直接経験）とを組み合わせた方法でもある。また、モデリングは恐怖や不安の克服のためだけに行われるのではない。たとえば主張訓練（assertion training）ではモデルが適切な自己主張を行っている場面が呈示され、クライエントはモデルの行動から自己主張の方法を学び適切な行動が取れるようになる。モデリングは心理臨床の現場だけに限らず、日常生活のあらゆる場面で数多く採り入れられている。たとえば、われわれが水泳を習うときに最初にコーチの泳ぎ方を観察するのも、英会話を習うときに上達者の会話や発音を聴くのも一種のモデリングであるといえる。

　（２）行動リハーサル

　モデリングの説明の中で主張訓練の例をあげたが、モデリングは行動リハーサルと併用されることが多い。行動リハーサルは主張訓練や社会的技能訓練（Social Skill Training：SST）の中にも採り入れられている基本的技法である。主張訓練では、クライエントはモデルが自己主張をしている場面を観察するだけではなく、クライエント自身も自己主張する場面を実際に演じる。たとえば友人からの誘いを断ることが苦手であれば、だれかに友人の役をしてもらい、友人役の人からの誘いを断る行動をリハーサルする。このように、より適切な行動が形成できるように、役割演技（role play）を通して練習を行うことを行

動リハーサルという。クライエントが適切な行動を取ることができない場面（たとえば欠陥商品を店に返却する場面や女性をデートに誘う場面など）において適切な行動が取れるように練習をすることは、苦手な状況に対する不安を低減し、より効果的な対処方法の獲得やより適切な行動の形成をもたらすと考えられている。

　社会的技能訓練では、自己主張の仕方、質問への適切な答え方、困ったときの援助の求め方、不安や怒りのコントロールの仕方、買い物の仕方、公共交通機関の利用方法などと練習内容は幅広い。対象も健常児者、精神障害者、発達障害児者などとさまざまである。社会的技能訓練ではさまざまな場面が想定され、その中でクライエントは行動リハーサルを通して適切な行動の仕方を獲得していく。行動リハーサルを十分に行った後に、社会的技能訓練の一環として現実場面での実践が求められることもある。

第4節　リラクセーション法

(a) リラクセーション法とは

　リラクセーションとは心理的・生理的な緊張を低減させることである。そして、心理的・生理的な緊張を低減されるための技法をリラクセーション法という。リラクセーション法は前述のように系統的脱感作法の中にも採り入れられているのだが、リラクセーション法だけを単独で使用しても十分な臨床的効果が得られることが多い。

　リラクセーション法の臨床的効果としてたとえば自律訓練法の場合には、心理学的な側面では不安・緊張の低下、抑うつ状態の改善、過剰適応傾向の減少、自我強度の強化、神経症傾向の減少、自己評価の向上、対人関係の改善などがあげられる。[10]臨床的効果の生理学的な側面では、筋緊張の低下、血圧の正常化、胃腸の活動の促進などが認められ、これらは自律神経系の活動と関係が深い。[10]自律神経系には交感神経と副交感神経とがあり、リラクセーションの効果によって、この二つの神経系のバランスが調整され、心身の機能が回復するようになると考えられている。ベンソンはリラクセーションの効果としてリラクセーション反応の概念を提唱している。[11]リラクセーション反応とは、自律神経系の中でも交感神経の活動が低下して、副交感神経の活動が相対的に高まるこ

とをいう。上記の自律訓練法による生理学的な側面への臨床的効果は、いずれも副交感神経の活動が増加したときに認められるものである。

リラクセーション法にはさまざまな種類がある。欧米では漸進性弛緩法が系統的脱感作法に併用されることが多く、わが国では自律訓練法がよく利用されるようである。その他のリラクセーション法としては、腹式呼吸法、イメージ法、瞑想法、ヨガ、気功法などが知られているのだが、本章では行動療法と関係が深い漸進性弛緩法と自律訓練法とを説明する。特にわが国では、自律訓練法そのものが一つの独立した臨床心理学的な介入技法であるとみなされており、自律訓練法を単独で行った場合にもさまざまな心身の疾患に有効であることが確認されている[10]。

（ｂ）漸進性弛緩法

漸進性弛緩法は、1929 年にジェイコブソン（Jacobson, E.）によって開発されたリラクセーション法である。ジェイコブソンは、人が不安や恐怖を感じたときには筋肉の緊張が高まり、この緊張が不安や恐怖をさらに増強させることに気づいた。筋肉の緊張が不安や恐怖を高めるのであれば、反対に筋肉の緊張を緩めることによって不安や恐怖を緩和することができるのではないかと考え、全身の筋肉の緊張を段階的に（漸進的に）緩める方法を考案した。漸進性弛緩法は、漸進的筋弛緩法（progressive muscle relaxation）とよばれることもある。

筋肉の緊張を緩めるためには、まずは筋肉の緊張を意図的に高めてみる必要がある。すなわち漸進性弛緩法では筋肉を弛緩させるために、いったん筋肉を緊張させてから力を抜くという逆説的な方法が用いられる。漸進性弛緩法の実施方法はきわめてシンプルで、身体の各部位でこの「緊張－弛緩」を繰り返せばよいのである。順序としては、腕（右腕、左腕、両腕など）、顔（額、目、口など）、肩、腹、脚などの順番で行う。まずは、右腕で握りこぶしを作って 10 秒間ほど力を入れて緊張状態をじっくり味わい、それからゆっくりと力を抜いて、今度は弛緩状態をじっくりと体験する。次に左腕、両腕と進めていく。

漸進性弛緩法の利点は、身体の緊張を直接的に除去することができるので即効性が高く、交感神経の興奮がすぐに鎮静され、感情面でのリラックス感も得られやすいことである。また方法がシンプルなため、説明が簡単なこと、指導をするのに特別な技能を必要としないこと、子どもにも適用が可能であること

などの利点がある。

（c）自律訓練法
（1）自律訓練法とは

自律訓練法はドイツの精神医学者シュルツ（Schultz, J.H.）が体系化した自己暗示を利用したリラクセーション法である。シュルツは1924年に標準練習を完成させ、1932年に"*Das Autogene Training*"を刊行した。

自律訓練法の特徴は、一定の言語公式を心の中で反復的に唱え、その公式内容に受動的注意集中を払い、公式が示す身体部位に心的留意を保つことで、段階的に心理的・生理的機能の再体制化を図っていくことである。受動的注意集中とは、普通の注意の向け方とは異なるものである。普通の注意集中は、車の運転をするときに歩行者や対向車に気をつけることや、試験のときにミスを犯さないように気を配るなどの意図的な努力をともなった能動的注意集中である。それに対して受動的注意集中とは、公式内容にぼんやりとさりげない態度で注意を払う、意図的な努力をともなわない受動的な注意の向け方である。自律訓練法ではこの受動的注意集中が強調され、自律訓練法の上達には受動的注意集中の習得が不可欠であると考えられている。

（2）自律訓練法の体系

自律訓練法には標準練習、瞑想練習、特殊練習、空間感覚練習とさまざまな種類がある。一般的には、最初は標準練習から始める。標準練習には六つの公式がある。その公式は次に示すとおりである。

　　背景公式：安静練習　　　「気持ちが落ち着いている」
　　第1公式：四肢重感練習　「右（左）腕（脚）が重たい」
　　第2公式：四肢温感練習　「右（左）腕（脚）が温かい」
　　第3公式：心臓調整練習　「心臓が規則正しく打っている」
　　第4公式：呼吸調整練習　「楽に息をしている」
　　第5公式：腹部温感練習　「お腹が温かい」
　　第6公式：額部涼感練習　「額が心地よく涼しい」

標準練習は、四肢の弛緩などを目的とした公式を反復的に暗唱して、全身のリラクセーションを段階的に習得していくことを目指した練習である。瞑想練習は、標準練習で得られた自律性状態（自律訓練法特有の一種のトランス状

態）を利用して、視覚イメージの喚起能力を系統的に開発していくための練習である。視覚イメージは無意識内容の表現形式の一つと考えられる。最終的には意識と無意識との対話を通して、自己知覚の拡大を試みることを目的とする。特殊練習は、標準練習の公式に心理的な問題や身体症状に直接的に働きかける公式を併用することで、心理的・生理的な諸問題の改善を図ることを目的とする練習である。身体的・生理的な疾患に働きかける公式を特定器官公式とよび、心理的な問題の改善を目的とする公式を意志訓練公式という。空間感覚練習は、身体の左右対称の場所をイメージし、右半球機能の促進と大脳両半球の機能統合・機能調整を促進させるための練習である。

（3）自律訓練法の進め方

　自律訓練法の練習姿勢には、椅子姿勢と仰臥姿勢とがある。練習を行うときにはリラックスした環境で楽な姿勢をとり、軽く目を閉じる。そして、心の中で「気持ちが落ち着いている」と背景公式を何回か繰り返す。気持ちが落ち着いてきたら、右腕にぼんやりと注意を向けながら第1公式である「右腕が重たい」を心の中で繰り返す。練習は2分間でやめるようにする。練習が終わったら、消去動作を行う。消去動作は、自律訓練法による特殊な意識状態から心身を覚醒させるために不可欠な動作なので必ず実行する。方法は、まず両掌の開閉運動を行い、それから両肘の屈伸運動をして、最後に大きく伸びをする。この2分間の練習を3回行い、それを1セッションとする。

　自律訓練法は漸進性弛緩法と違って、すぐに効果が現れないことが多い。原則的には朝・昼・晩の3セッションか、朝・晩の2セッションを毎日練習する必要がある。そして、最初の重感練習を獲得するのに数週間を要する場合もあり、標準練習の第6公式までを習得するには通常3カ月以上かかると考えられている。自律訓練法の標準練習を習得するには長い練習期間を要するのであるが、自律訓練法の練習を続けることによって神経症的な症状が改善したり、性格傾向が練習前よりも適応的な方向へ変化したりすることが、さまざまな心理検査によって確認されている。[10]

　第1公式の「右腕が重たい」を十分に感じることができたら、今度は「左腕が重たい」の公式に進む。左腕の重感練習がマスターできたら、さらに「両腕が重たい」「両脚が重たい」「両腕両脚が重たい」の公式に進む。両腕両脚の重

感練習が習得できたら、第2公式の「右腕が温かい」に進み、最終的には「両腕両脚が重くて温かい」と重温感がまとまるような形にする。重温感の練習の後は、心臓調整練習、呼吸調整練習と順次進めていく。

　自律訓練法は独学によって練習をすることもできるが、練習方法を誤ってしまうと十分な効果が現れないだけではなく、心身にとって危険な場合がある。また自律訓練法には、心臓疾患がある場合は心臓調整練習を行わないなどの禁忌症がいくつかあるので注意を要する[10]。自律訓練法は、十分に習熟した指導者のもとで練習することが望ましい。

【引用・参考文献】

（1）及川恵「行動療法」、下山晴彦編『よくわかる臨床心理学』ミネルヴァ書房、pp.136-139.（2003）
（2）佐々木和義「行動療法の概観」、祐宗省三・春木豊・小林重雄編『新版行動療法入門』川島書店、pp.2-8.（1984）
（3）Eysenck, H.J., *Learning theory and behaviour therapy*, Journal of Mental Science 105, pp.61-75., 1959.
（4）上里一郎「行動療法への導入」、上里一郎編『行動療法』〈講座心理療法第4巻〉福村出版、pp.11-23.（1978）
（5）長谷川浩一「恐怖症治療におけるイメージ脱感作の試み─行動療法の臨床的検討(1)─」青山学院大学論叢 10、pp.163-172.（1969）
（6）春木豊「フラッディング療法（flooding therapy）」、祐宗省三・春木豊・小林重雄編『新版行動療法入門』川島書店、pp.91-95.（1984）
（7）宮下照子「認知・行動論的アプローチ」、伊藤良子編『臨床心理面接技法1』〈臨床心理学全書第8巻〉誠信書房、pp.143-200.（2004）
（8）舘哲朗「行動療法」、氏原寛・成田善弘編『臨床心理学1　カウンセリングと精神療法－心理治療－』培風館、pp.164-175.（1999）
（9）春木豊「モデリング療法（modeling therapy）」、祐宗省三・春木豊・小林重雄編『新版行動療法入門』川島書店、pp.106-110.（1984）
（10）松岡洋一・松岡素子『自律訓練法』日本評論社（1999）
（11）ベンソン, H.（中尾睦宏・熊野宏明・久保木富房訳）『リラクセーション反応』星和書房（2001）

第4章
認知行動療法

第1節　認知行動療法とは

(a) 行動療法からのはじまり

　1950年代には学習理論に基づいて臨床的な介入を行う行動療法が盛んに行われるようになった。行動療法においては臨床症状や不適応行動を条件付けによる学習の過剰または欠如によるものと捉え、不適応行動を消去して新たな適応的な行動を学習することを目指す。代表的な技法としては、不安反応に拮抗する筋弛緩反応を条件づける系統的脱感作法、あえて不安を引き起こす刺激にクライエントをさらすエクスポージャー法などがある。たとえば「人と話をすることが怖くて避けている」という人の場合ならば、「過去の対人接触の中で恐怖感が学習されて人との接触を避けるようになり、その避けるという行動自体が恐怖感を維持させている」と考えて、あえて対人接触をもつことで悪循環を克服しようとする。

　このような行動療法においては外部から観察や測定が可能な行動や情動を介入の対象とし、症状のアセスメントや治療効果の判定においても客観性が重視される。またバンデューラ（Bandula, A.）によって、行動の形成においては条件づけのみならず、予期や判断などの認知的要素もまた重要な役割を果たしていることが指摘された。

(b) 行動療法から認知行動療法へ

　1960年代以降にはベック（Beck, A.）による認知療法やエリス（Ellis, A.）による論理療法が誕生して、不適応状態における認知の要素を重要なものとして扱うようになった。「人を悩ますのは物事ではなく、その物事に対するその人の見方である。」これはエリスが、論理療法の基本的な前提を説明するのにし

ばしば引用するストア派哲学者エピクテートスの言葉である。つまり、人がある状況下において情緒的に混乱したならば、それは状況そのものというよりもむしろ「そのひとがその状況をどう捉えたか」による、ということである。

人は通常、「友人に批判されて落ち込んだ」「1週間後に試験があるので不安になった」といったように、「ある状況が感情をもたらした」というように自分の体験を理解することが多いが、実はそこにその人なりの状況の捉え方が大きく関与している。たとえば、「1週間後に試験がある」という同じ状況下でも、「1週間しかない。準備が間に合いそうもない」と考えて不安になる人もいれば、「1週間もあるから、なんとかなるだろう」と考えて気にも留めない人もいるし、「忙しいときに試験なんかしやがって」とイライラする人もいるのである。

このように情緒の障害における認知的要素の役割を重視し、認知を適切なものにしていくような介入をすることで情緒的混乱を低下させることができると考える立場の療法は、より高い効果をもたらすために行動療法と融合して認知行動療法と呼ばれるようになった。広義の認知行動療法には論理療法、ソーシャルスキル・トレーニングやストレス免疫訓練など多様な技法を含むが、狭義にはベックの認知療法と従来の行動療法を組み合わせたものを指すことが多い。第2節では認知を重視する立場として先駆的である論理療法について、第3節と第4節では認知療法の理論と実践を、第5節では認知行動療法の発展と新しい流れについて述べる。

第2節　論理療法

(a) 論理療法の理論

エリスは、論理療法の基本的な枠組みをABCDEモデルとして表した。[3]このモデルではある出来事（Activating event : A）があったときに、その人のもつ信念（Belief : B）こそが結果としてのある種の感情（Consequence : C）をもたらすと考える。信念は合理的信念と不合理な信念にわけることができ、その人のもつ信念が合理的なものであれば生じる感情も適切なものとなるが、信念が不合理なものであれば生じる感情も不適切なものとなる。不合理な信念に対しては、本当に事実に則しているのか、根拠があるのか、を検討することで論駁

A(Activating event):出来事
B(Belief):信念　　　RB(Rational Belief)　合理的信念
　　　　　　　　　　IB(Irrational Belief)　不合理な信念
C(Consequence):結果（としての感情・行動）
D(Dispute):論駁
E(Effectiveness):効果

図 4-1　ABCDE 理論（菅沼、2005 をもとに作成）[4]

（Dispute：D）してゆき、信念を合理的なものに置き換えることで適切な感情という効果（Effectiveness：E）がもたらされるとする。

　典型的な不合理な信念は、「～ねばならない」「～であるべき」という強い要求や至上命令の形であらわされる。これに対して合理的な信念は「～であればよい」「～であるにこしたことはない」という願望や希望の形で表現される。不合理な信念の代表例に、「いつでも優秀な成績を上げなければならない」などがある。一見正しいようにも思えるこの信念のどこが不合理だというのだろうか。

　学生にとっては試験、働く人にとっては業務実績など自分が取り組んだ成果を評価される場面はだれもが経験することである。多数の人が競い合ったり、序列がついたりするのであるから、よい成績を取る人もいればよくない成績を取る人もいる。その中でいつでも、どんな場面でも、100％でよい成績を上げ続けることは、よほどの超人でもない限り不可能といえる。それが現実の人間であるから、「いつでも優秀な成績を上げなければならない」という信念は合理的とはいえない。

　それにも関わらず、現実に合わない理想を追い求めると、よい成績が上げられなかったときにひどく落ち込んだり、自己嫌悪になることもあるし、よい成績を上げられないことを恐れてひどく不安になることになる。「よい成績を上げるに越したことはないが、そうならないこともある」という信念は現実に則していて合理的であり、同じような場面であっても悲しみや気落ち、適度な心配といった適切な感情を経験するにとどまる。不合理な信念には「ねばならない」からの派生形として以下のようなものもある。[5]

① 悲観的な信念:「ひどい」「世も末」「絶望的」など
　【例】「失敗したら終わりだ」
② 非難・卑下の信念:「ひどい人だ」「ダメだ」など
　【例】「育児がちゃんとできないダメな母親だ」
③ 低欲求不満耐性の信念:「耐えられない」など
　【例】「人前で恥をかくことには耐えられない」

　また、論理療法は怒りやイライラなど他者に向ける攻撃的な感情のコントロールにも用いられる。強い怒りを感じるときには、他者に対して「彼はあのようなことをするべきではない」といった不合理な信念をもっていることが多い。その信念を論駁し、「彼にあのようなことをしてほしくない」というような合理的信念に変えていくことで怒りを和らげるのである。

（b）論理療法の実際

　セラピストはクライエントのもつ問題におけるABCを特定し、問題となる感情をもたらすものが信念であるということをABCDEモデルに基づいて理解してもらい、不合理な信念に対する論駁を行うという積極的・指示的な役割を果たす。クライエントの現在の問題を克服することを目指すだけでなく、信念の変化によってその後の長期的な生活における諸問題にも対処できるように援助する。実際にはシートを使ってこの作業を行うこともある（**表**4-1）。

表4-1 ABC記録シート

A	B		C	
Activating event（出来事）	Belief（信念）		Consequence（結果）	
実際のまたは予想される出来事	IB 不合理な信念	RB 合理的信念	IB-C 感情・行動	RB-C 感情・行動
試験を受けたが不合格だった	いつでも優秀な成績を上げなければならない	よい成績を上げるに越したことはないが、そうならないこともある	落ち込み 自己嫌悪	悲しみ 気落ち

第3節　認知療法の理論

(a) 認知モデル

アメリカの精神科医ベックはうつ病患者にみられる、状況に対しての特有な認知の仕方を治療のターゲットとする認知療法を創始した。認知療法の基本的な仮説は「感情や行動は、自分を取り巻く世界をどのようにとらえているかによって大きく影響されている」というもので、状況に対する認知の歪みが極端になると感情や行動が混乱したものになると考える。

この点では第2節で取り上げた論理療法と類似の点も多いが、認知を階層的に分類している点で異なっている。認知の最も表層に表れるものを自動思考とよぶ。これは状況や出来事に出会ったときに自動的に頭に浮かんでくる、「きっとうまくいかないだろう」「また失敗した、いつも失敗ばかりだ」などといった、いわば「こころのつぶやき」である。自動思考は本人にとってあまりにも自然なものであるために、普段は意識することの少ないものであるが、よくよく自分を観察してみれば、気分が落ち込んだり、不安が大きくなったり、感情が不安定になるときには、その気分をもたらしたなんらかの自動思考が頭に浮かんでいることが多い。自動思考よりも深層には幼少期からのさまざまな経験によって形成される自分、他者、世界についての絶対論的な信念がありスキーマと呼ばれる。

スキーマの例としては「私は人に好かれない」「私は無能だ」といったものがある。ある状況や出来事に出会うと深層にあるスキーマが活性化されて自動

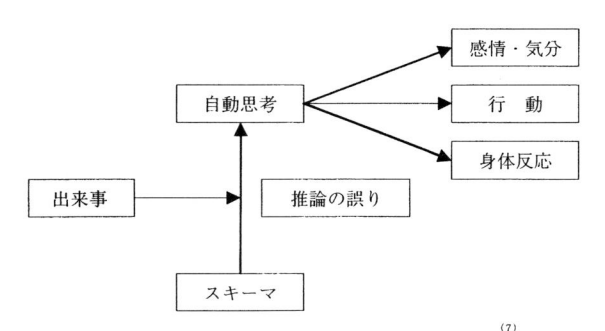

図4-2　認知モデル（ベック、2004 をもとに作成）[7]

表 4-2　推論の誤りの例

① **拡大視・縮小視**：失敗したことや自分の短所ばかりを大きくとらえ、うまくやれたことや自分の長所は小さくとらえる。 【例】仕事で大きな失敗をしたときに「自分はこの仕事に向いてないのだ」と結論づけて、過去にうまくやれたことがあったのを忘れている。
② **読心術**：さまざまな可能性を考慮せずに、相手の考えていることを自分がわかっていると思い込む。 【例】メールの返事が来ないことや、挨拶をされなかったことから、「自分は嫌われている」と結論づける。
③ **破局視**：否定的な未来を予想してしまう。 【例】「もし試験に失敗したらおしまいだ」と考える。
④ **全か無か思考**：物事を白か黒かのどちらかで考える思考法。 【例】少しでもミスがあった場合に、「完全にできなかったのだから失敗だ」と思ってしまう。
⑤ **過度の一般化**：たった一つのよくない出来事があると、それが何度も繰り返し起こると考える、あるいは世の中全体がそうだと考える。 【例】ある企業の就職試験を受けて不採用になったときに「この先の就職活動もうまくいかないだろう。きっと私は就職できない」と考える。
⑥ **べき思考**：自分や他者に対して「〜でなければならない」「〜であるべき」という厳密で固定的な要求をする。 【例】「私はあらゆる面で優れた人間でなければならない」「彼は私に親切に接するべきだ」。
⑦ **個人化**：他者の否定的なふるまいの原因が自分にあると考える。 【例】「彼が買い物に行く途中で事故に遭ったのは、買い物を頼んだ自分の責任だ」と考える。
⑧ **選択的抽出**：全体像をみずに一部の否定的な要素だけに注目する。 【例】プレゼンテーションの出来を多くの人がほめてくれたのに、一人に批判されたことを気にして「だめだ」と思い込む。

思考が生じる。情緒の混乱をもたらすような自動思考が生じる際には特有の推論が行われる。これらをまとめたものが認知モデルと呼ばれる（図4-2）。

抑うつや不安など情緒の混乱をもたらす推論の誤りがいくつか知られている[8]。ここでは次のような女子大学生よしえの例で考えていくことにする。

　〇月×日　よしえは学生食堂で友人のさゆり、みちこと三人並んで昼食を食べている。いつもは仲よく三人で話しながら食べるのに、今日に限って真ん中にいるみちこは右隣のさゆりにばかり話しかけている。二人は左端にいるよしえの方を振り向きもせずに会話に夢中になっていて、よしえは会話に入れない。

もともと控えめで会話に割ってはいるタイプでないよしえは、二人の会話を黙ったまま聞いている。よしえの頭には「会話に入れない」「私は嫌われてしまったのだろうか」という考えが浮かんで気落ちしてしまった。その後も気落ちして黙ったままのよしえに「どうしたの？」とさゆりが話しかけるが、「ええと…」とよしえはうまく自分の気持ちが伝えられずにあいまいな言葉を返す。するとさゆりが「よしえはあんまり自分の思っていること言わないけど、そういうのよくないと思うよ」というと、よしえの頭を「やはり私は嫌われてしまった」という考えがますます占めて気分の落ち込みがひどくなる。家に帰ってからも繰り返しそのことばかりを考えて「きっと卒業まで友達もなく、一人で過ごすことになるだろう」と不安が広がっていく。よく考えると、よしえにとってこのような気持ちになるのは初めてではなく、言葉には出さないが「私は人に好かれない」という漠然とした思いを小さいころよりいつも抱いていたのであった。

　この場面でよしえの頭に思い浮かんでいる「会話に入れない」「私は嫌われてしまった（のだろうか）」「きっと卒業まで友達もなく、一人で過ごすことになるだろう」というのが自動思考である。そして以前から常に抱いていた「私は人に好かれない」というのがスキーマであると考えられる。このスキーマがあるから、さまざまな出来事に対して「私は嫌われてしまった」と解釈しやすい。さゆりとばかり話しているというみちこの行動を「自分のことがきらいだから」と解釈することには「読心術」、自分の欠点を指摘されたことを自分全体への嫌悪と捉えることには「選択的抽出」、「きっと卒業まで友達もなく、一人で過ごすことになるだろう」と否定的な将来を予測することには「破局視」や「過度の一般化」などの推論の誤りが含まれている可能性がある。

（b）思考への反論

　気分が落ち込んだり、不安が大きくなるときには、自分の置かれた状況の悪い面ばかりに注意が向くなどしてバランスを欠いた思考になっていることが多い。認知療法ではクライエントの思考をあくまで仮説として扱い、その考えが本当に妥当なものなのかを検討する。ただし、認知療法は「何でも前向きに考えよう」という、現実を無視したポジティブ思考の勧めとは少し異なる。一つの状況をみるにも多くの視点があることを知ることで思考の偏りを修正して、

より現実にあった、柔軟で視野の広い思考ができるようになることを目指している。

セラピーの前半には自動思考を中心に扱うが後半に進むにつれて、より深層にあるスキーマにも取り組んでいく。雑草を刈るときに地表に現れている茎や葉だけを刈っても地中に根が残っていればすぐに雑草が生い茂ってしまうから、雑草が生えてこないようにするには根こそぎ引き抜かなければいけない。ここで認知療法における自動思考は地表に現れた茎や葉に、スキーマは地中の根に例えることができる。自動思考への取り組みだけでは十分でない場合には、スキーマに取り組むことで情緒の混乱をもたらす自動思考を根本から絶つことを目指す。[9]

自動思考やスキーマとは別の考えや新しい考えを組み立てても、最初はなかなかなじめないことがある。日常生活の中で新しい思考に基づいて行動し実際何が起こるかを調べたり、その思考の正しさを確かめていく、つまり一種の実験を行うことで、その考えは自分になじむものになっていく。

認知療法は、最終的に自分で適応的な思考を導くスキルを獲得して、気分の落ち込みや不安などに対処できることを目指す、教育的要素の強いセラピーである。

第4節　認知療法の実際

(a) 認知療法の特徴

認知療法では毎回のセッションおよび開始から終結までのセラピー全体を構造化する。各セッションのはじめには、その中で取り上げるテーマをあらかじめ決めておくことで、重要なテーマに焦点を絞って時間を有効に使うことができる。また、セラピー全体を構造化することで、全体の流れの中で現在どの段階にいて、何のために何をしているのか、をクライエントとセラピストの双方が常に意識することができる。[10]

認知療法においてはクライエントとセラピストがチームを組んで、共同作業によってクライエントの体験していること（状況・思考・気分・身体反応）を理解したり、思考の内容を検討したりする。これを共同実証主義とよんでいる。従来のカウンセリングのようなクライエントの語りをセラピストが聞くという

非対称な関係とは異なっている。

また、クライエントはセッションとセッションの間に日常生活の中で、段階に応じたさまざまなホームワークに取り組むことが求められる。

（b）認知療法の初期段階

セラピーの初期にはアセスメントが重点的に行われる。認知療法におけるアセスメントは、どのような場面でどのような思考が浮かび、どのような気分・行動・身体反応を生じさせているのか、あるいはその背景にはどんなスキーマがあるのか、を認知モデルに基づいて理解することが基本となる。また、アセスメントには米国精神医学会による精神疾患の分類と診断の手引であるDSMによる診断やBDI（ベック抑うつ尺度）などの心理尺度を援用する[11]。こうして理解したことはセラピーの方針をたてるのに役立てられる。アセスメントは初回面接から数回にわたって集中的に行われるが、状況が変化したり新たな情報が付け加わったりするにつれて改訂される。

認知療法においてはクライエントへの心理教育を重視する。クライエントの抱える問題についてセラピストがアセスメントしたこと、アセスメントに基づいたセラピーの方針と目標についてクライエント本人と共有する。また認知療法の進め方、セラピストとクライエントの共同作業であること、セッションの間に自宅などで行ってもらうホームワークについて共有する。

（c）認知再構成法

クライエントにおける認知の妥当性を検証するための技法は認知再構成法と呼ばれる。コラム表と呼ばれるシートを用いて行うことが多い。七つのコラム表では自動思考の根拠と反証をあげてみて、視野を広げた適応的思考を導く。次にあげるのは、第3節で登場した女子大学生よしえのコラム表である（表4-3）。

自動思考に繰り返し出てくるパターンに注目することで、自動思考の奥にあるスキーマに気づくことができる。スキーマの修正には次のようなワークシートを用いる（表4-4）。コラム表と同様にスキーマに対しての根拠と反証を探すが、根強いスキーマを修正するには、時間をかけてなるべく多くの反証をみつける必要がある。

（d）行動的技法

またセッションの間の日常生活について、起床、就寝、食事、その他の活動

表 4-3　よしえのコラム表

状況・出来事 ・いつ　・どこで ・だれが　・何を	○月×日　学生食堂でさゆり、みちこと昼食。みちこはさゆりにばかり話しかけていて会話に入れない。その後、さゆりに「自分の思っていることを言わないのはよくない」と言われる。
気分（強さ%） ・単語で表せる	落ち込み（80%） 不安（70%）
自動思考 （確信度%） 頭の中に思い浮かんだ考え・イメージ	・会話に入れない（90%） ・私は嫌われてしまった（80%） ・卒業まで友だちもなく、一人で過ごすことになってしまう（60%）
根拠 自動思考を裏付ける事実	・みちこはさゆりにばかり話しかけていてこちらを見てもいなかった ・「思っているのを言わないのはよくない」と欠点を指摘された ・二人とはいつも一緒にいて、ほかにはあまり話す人がいない
反証 自動思考に矛盾する事実	・みちこがさゆりに話しかけていたのは、さゆりのほうがそのときの話題にくわしいからだ ・その前の話題のときには自分とも話していた ・さゆりは自分の一部である欠点を指摘したのであって、自分のすべてを否定したのではない ・クラスにはほかにも仲よくなれそうな人がいる ・以前にも嫌われたような気がしたことがあったが自分の勘違いだった
適応的思考・別の思考（確信度%） ・視野の広がった考え	・会話に入れなかったが、必ずしも嫌われたとはいえない（60%） ・欠点を指摘されたからといって、嫌われたわけではない（60%） ・仮に嫌われても卒業まで一人とは限らない。ほかの人と仲よくなってもよい（50%）
こころの変化 （強さ%）	落ち込み（50%） 不安（40%）

およびそのときの気分を記録してもらい、生活リズムの乱れをチェックしたり、気分と活動の関係や、気分の日内変動を知ることで、よりよい生活習慣を取り入れていけるように援助することもある。また、認知再構成法で新たに導いた思考を定着させるためにはそれらの思考が現実に則したものであるかを実際に行動して検討してみることが重要であるが、この行動による実験の計画はクライエントとセラピストが共同して計画し、成果も共有する。これらは行動的側

表4-4 よしえによるスキーマのワークシート

変更したいスキーマ・信念（確信度%）
・私は人に好かれない（70%）
スキーマを肯定する根拠
・小学生のころから、クラスでは目立たない存在だった
・冗談を言って人を笑わせたりするほうではない
・異性とお付き合いしたことがない
スキーマを否定する根拠
・自分と性格の合う人とは、仲よくなって関係も長く続くことが多い
・ほかの人から極端に嫌われたことはほとんどない
・性格が穏やかなので付き合いやすい、と人から言われることがある
・お付き合いはしなかったが、自分に好意をもってくれた異性はいた
認知の誤り
・拡大視／縮小視　・過度の一般化
新しい信念（確信度%）
・必ずしも人に好かれないわけではない（60%）
・人数は多くないが気の合う人とよい関係を築くことができる（60%）

面からクライエント回復を助ける技法である。

　第3節のよしえの例でいえば、翌日、教室で二人に話しかけてみるという行動によって思考が現実に則したものか確かめることができる。おそるおそる話しかけてみた二人が、笑顔で挨拶を返してくれれば、コラム表で導いた適応的思考の確信度を高めることができるであろう。

　（e）事　例
　［クライエント］　44歳　男性　大うつ病性障害
　［主　訴］　体がだるい、やる気がでない
　［現病歴］
　高校卒業後、公務員として勤続26年、何よりも仕事を最優先してやってきた。×－3年7月の人事異動で期待していた管理職への昇進がなかったことから、自分の仕事が評価されていないことへの失望感があり、また異動先の上司とのコミュニケーションもうまくいかずに仕事が滞るようになった。同年12月には、抑うつ気分、気力減退、仕事への集中困難、全身倦怠感、入眠困難、

めまいなどの症状が続いたため、精神科クリニックを受診したところ「うつ病」と診断された。

薬物療法と3カ月の休職により症状が軽快したため職場に復帰し、薬物療法をやめた後も通常の勤務をこなしていたが、×－1年7月に業務負荷の増大にともなって前回と同様の症状が出現した。再度精神科クリニックを受診して、薬物療法を再開するとともに休職に入ったが、思うような改善が見られないことから、×年12月にカウンセリングを求めて来室した。

［家族歴］妻（40歳）、息子（15歳）、娘（10歳）と四人暮らし
［DSM診断］
Ⅰ：大うつ病性障害反復性　Ⅱ：なし　Ⅲ：なし　Ⅳ：なし　Ⅴ：60
［問題リスト］
①情緒不安定　②身体症状　③生活リズムの乱れ
④完全を求める仕事の進め方
［経過］
■第1回（×年12月）〜第3回（×＋1年1月）
〈アセスメントと方針の策定〉
(1) 自宅で今後の職場で予想される困難や昇進できなかったことについて考えていると「この先どんどんきつくなっていく」「こんなに頑張っているのに認めてもらえない」という思考が浮かび、失望感でやる気がなくなり、体がだるくなって、寝てしまう。
(2) 職場においてやるべき仕事がたまってくると、「あれもこれもやらなければ」という思考が浮かび、あせりが出て、冷静な判断ができなくなることでさらに仕事が滞り、「今日も仕事が進まなかった」「やりたかったことができなかった」と気分が落ち込む。

といったパターンがあることがわかった。

また就寝時間が遅くなることで、起床時間がずれ込んでいることがわかった。職場への復帰を目標とし、そのためには先にあげたような場面に上手に対処して情緒の安定化を図るとともに、夜は12時前に寝て朝は8時には起床するという就寝のリズムを取り戻すことが課題としてあげられた。方法として認知再構

成法と日常生活記録表によるセルフモニタリングを用いることとした。アセスメントした情報をまとめて共有するとともに認知療法の進め方について心理教育を行った。BDI‐Ⅱスコア24（中等度）

■第4回（×＋1年2月）〜第12回（×＋1年3月）〈復職に向けての支援〉
　コラム表を用いて、今後の職場状況についての見方を検討すると「嫌なことは起こりうるが、それで破滅するわけではない」「将来の嫌なことを今から考えても仕方ない、その時に考えればよい」という適応的思考が導かれ、将来に対しての悲観的な見方がやわらぐとともに、「昇進を目指す生き方だけが大切なのではない」「家族を大切にするという幸せもある」、と自分の置かれた現状を肯定的に受け入れる様子がみられるようになった。仕事がなかなか進まない場面に関しては「少しだけれどもできたこともある。その分少しだけゴールに近づいた」「すべてを完全にできなくてもよい」という新たな見方をすることで、いたずらにあせって自分を追い込むことが少なくなった。
　日常生活のセルフモニタリングによって、睡眠リズムの障害になっている昼寝をやめて軽い運動や外出を取り入れ夜は11時に寝ることで、朝は8時に起きることができるようになった。
　気分の波が小さくなって気力が回復し、継続的な作業でも疲れづらく、集中力が続くようになってきたことから、4月より職場に復帰することになった。

■第13回（×＋1年4月）〜第20回（×＋1年7月）〈復職後の支援〉
　復職の時期が近づくについて、仕事に戻ることへの不安が大きくなることがあったが、いざ出勤してみると考えていたよりも周囲に受け容れられた。復職後1カ月は軽減勤務で段階的に通常業務に戻していった。主に認知再構成法により、職務上で感情が不安定になる場面に対応するスキルを向上させていった。仕事を頼まれると「人からよく思われなければいけない」という思いから、断れずに引き受けてこなしきれなくなるパターンに陥らないように「人からよく思われないことがあってもよい」と考えたり、上司から仕事の進め方について批判を受けたときも「自分の過度な部分を指摘されたのであって、自分のすべてを否定されたわけではない」と適応的に考えたり、同期が自分よりよいポス

トに就くことで劣等感を刺激されることもあったが「自分は自分でよい」と考えることで乗り越えることができた。一通り業務上の問題に対応できる自信がついたところで定期的な認知療法は終結とした。BDI‐Ⅱスコア10（極軽度）

第5節　認知行動療法の広がり

（a）不安障害の認知行動療法

　ベックにより、うつ病の治療法として開発された認知療法は行動療法と融合し認知行動療法としてさまざまな疾患の治療に用いられるようになった。パニック障害や社会不安障害、強迫性障害などの不安障害や摂食障害などが代表的なものである。ここではパニック障害と社会不安障害の認知行動療法についてみていくことにする。

　パニック障害では、予期しないパニック発作が繰り返し起こり、それによって発作が起こることへの不安がつきまとい、行動が制限されたりする。パニック発作とは動悸、発汗、手足のふるえ、息苦しさなどの症状が急激に現れたもので多くは10分以内に頂点に達し、30分から1時間以内に収まるものである。また、発作を予期して公共交通機関やひとごみなど特定の場所を避けるようになることを広場恐怖という。パニック障害の患者では「この場所で発作が起きたら困る」「このまま気が狂ってしまう」など、パニック発作が起こることや身体反応を破局的に解釈する傾向があることから、そのような解釈に対して認知再構成法を用いたり、パニック発作時に生じるのと同様な身体感覚を生じる運動を行う内的エクスポージャー法によってそのような傾向を緩和させる。広場恐怖に対しては、発作への不安により回避している場所にあえて留まるエクスポージャー法によって不安を低減させる。また呼吸法によって発作をコントロールすることを学ぶ。[12]

　社会不安障害ではよく知らない人と話をするなど他者とのコミュニケーション場面や公衆の前で話をしたり食事をするなど人からみられる場面において不安が大きくなる。コミュニケーションや注視されることを恐れる背景には他者から否定的な評価を受けることへの恐怖がある。否定的な評価をうける可能性を過大視したり破局的にとらえる傾向を認知再構成法を用いて緩和したり、避けている対人場面にあえて直面するエクスポージャー法によって不安を克服す

る。また、社会不安障害の場合、相手からの拒絶的な反応を恐れて自己主張が不得手な場合が多いので、自分も他者も尊重した適切な自己主張ができるようにアサーション・トレーニングを行う[13]。なお、アサーション・トレーニングについては第6章を参考にされたい。

(b) マインドフルネス

マインドフルネスとは、思考によってこころがさまようことなく瞬間瞬間を意識しており、その現実をあるがままに認め、受け容れている状態のことである[14]。マインドフルネス・トレーニングと呼ばれる注意コントロール訓練によって、思考とは必ずしも現実を正しく反映しない、内面で生まれては消えていくささいな出来事にすぎないと捉えることが可能となるが、この状態は脱中心化と呼ばれる。苦痛を伴う体験を避けずに受け容れることで感情が増幅することを防ぎ、繰り返し苦痛なことを考えることが少なくなる。

つまりマインドフルネスは、認知療法のように思考内容を変更するのではなく、思考や感情との関係性を変化させることを目指している[15]。グループで8週間にわたる訓練を行うマインドフルネス認知療法は、3回以上のうつ病エピソードをもつ患者において再発率を低下させることが確認されている[16]。またリネハン（Linehan, M.）によって提唱された弁証法的行動療法はマインドフルネスの訓練を重視したプログラムであり、境界性パーソナリティ障害患者のリストカットや過量服薬などの自傷行為を軽減させる[17]。

【引用・参考文献】

（1）坂野雄二『認知行動療法』日本評論社（1995）
（2）Epictetus, *The Collected Works of Epictetus*, Little, Brown, 1890.
（3）エリス, A.（野口京子訳）『理性感情行動療法』金子書房（1999）
（4）菅沼憲治「認知行動療法の基礎理論②論理療法」、『こころの科学121』pp.42-50. 日本評論社（2005）
（5）國分康孝編『論理療法の理論と実際』誠信書房（1999）
（6）ベック, A.／ラッシュ, A.／ショウ, B.／エメリィ, G.（坂野雄二監訳）『うつ病の認知療法』岩崎学術出版社（1992）
（7）ベック, J.（伊藤絵美・神村栄一・藤澤大介訳）『認知療法実践ガイド　基礎から応用まで──ジュディス・ベックの認知療法テキスト』星和書店（2004）

（ 8 ）バーンズ , D.（野村総一郎他訳）『いやな気分、よさようなら――自分で学ぶ「抑うつ」克服法――』星和書店（2004）

（ 9 ）グリーンバーガー , D.（大野裕監訳・岩坂彰訳）『うつと不安の認知療法練習帳』創元社（2001）

（10）伊藤絵美『認知療法・認知行動療法カウンセリング――CBT カウンセリング初級ワークショップ――』星和書店（2005）

（11）Beck, A. & Steer, R. *Manual for the revised Beck Depression Inventory*, The Psychological Corporation, 1987.

（12）アンドリュース , G. 他（古川壽亮監訳）『不安障害の認知行動療法（1）パニック障害と広場恐怖』星和書店（2003）

（13）アンドリュース , G. 他（古川壽亮監訳）『不安障害の認知行動療法（2）社会恐怖』星和書店（2003）

（14）Bishop, S., *Mindfulness : A Proposed Operational Definition*, Clinical Psychology : Science and Practice, 11, 3, pp.230-241., American Psychological Association, 2004.

（15）高瀬健一「Mindfulness-based Cognitive Therapy の研究動向――抑うつを中心として――」法政大学大学院臨床心理相談室報告紀要 4, pp.41-51.（2007）

（16）Teasdale, J., Segal, Z., Williams, J., Ridgeway, V., Soulsby, J., & Lau, M., *Prevention of Relapse / Recurrence in Major Depression by Mindfulness-Based Cognitive Therapy*, Journal of Consulting and Clinical Psychology, 68, 4, pp.615-623., 2000.

（17）Linehan, M., *Dialective behavioral therapy : A cognitive behavioral approach to parasuicide*, Journal of Personality Disorders, 1, pp.328-333., 1987.

第5章
実存主義

第1節　実存主義とは

　「あなたはだれですか？」と問われたら、みなさんは何と答えるだろうか？名前をいうだろうか。それとも、「私は、○○大学の3年生です」「東京都出身の19歳です」などと答えるだろうか。どの答えも「私」の一側面しかいい表してはおらず、「私」という存在の全体をいい表すことはできない。たとえ、「私は……です」の「……」にいくつもの言葉を重ねたとしても、やはり「私」の全体に至ることはない。

　このように「私」「人間」は、言葉でいい尽くせない、いい表せない何かを含む、無定型な「ありのままの存在」である。

　このとき、「私は……である」の「……」という自己規定におさまらず、そこからはみでてしまう、「ありのままの存在」が「実存（現実存在）」である。

（a）「実存は本質に先立つ」

　フランスの実存主義を代表するサルトル（Sartre, J.P.）は「実存は本質に先立つ」と主張した。

　たとえば、失恋を経験した女性がいるとする。その人は、深く悲しみ、逃れようのない苦しみを抱えている。その女性の友人は、彼女が「深い悲しみ」「逃れようのない苦しみ」を抱えていることを理解している。しかし、友人が理解している「深い悲しみ」「逃れようのない苦しみ」と、失恋をした当人が体験している「深い悲しみ」「逃れようのない苦しみ」とは、リアリティが異なる。失恋をした女性が体験している深い悲しみや苦しみ、そこに実存的側面がある。

　つまり、「深い悲しみ」「逃れようのない苦しみ」は、彼女の心の状態や心情

Ⅰ部　理論編

の「本質」を表してはいる。しかし、「彼女」という存在は、そのような本質の集合体ではない。悲しみとも、苦しみとも表現できない感情や情動、時間とともに変化・生成しそうな何かなど、言葉にはおさまりきれない「何か」を含む、あるがままの彼女が「実存」である。その「実存」は「本質」に先立ち、存在するというのである。

（ｂ）実存主義の思想

実存主義の創始者といわれる哲学者には、キルケゴールとニーチェがあげられる。ヤスパース（Jaspers, K.）は、キルケゴールとニーチェを19世紀の最も偉大な人物としてあげている。有神論的実存主義者であるキルケゴール、そして無神論的実存主義者であるニーチェの思想をみていこう。

（１）キルケゴール

「実存思想の祖」として知られる、デンマークの哲学者であるキルケゴール（Kierkegaard, S.A.）は、「主体性が真理である」と主張し、「重要なのは、私にとって真理である真理を見出すこと、私がそのために生きかつ死ぬことのできる理念を見出すこと」であると考えた。そして、たとえ「主体が関わる対象が真理でなくても、主体の『かかわり方さえ真理であれば』その主体は真理の中にある」[1]と考えた。主体性とは、実存する「私」が感じとる「私自身」にほかならない。外界から与えられた真理ではなく、交換不可能な存在であるほかのだれでもない、今生きている「私」にとっての真理を見出し、大切に生きていくことが重要であると唱えたのである。

（２）ニーチェ

ドイツの哲学者であるニーチェ（Nietzsche, F.W.）の「神は死んだ」という言葉は有名である。

当時のヨーロッパでは、人びとの善悪の価値観を作っていたのはキリスト教であり、弱者は、現世で善い行いをすれば天国に行けるという信仰に基づいた価値観をもっていた。そこでニーチェは、「天国に行くために」「神のために」など、この世にはない価値観（キリスト教的な価値観）を求めるのは、現実の弱い自分から目を背けるためだと指摘した。

このような、現実で果たせないことを、来世に求めようとした人間のあり方を、ニーチェは「神は死んだ」という言葉で否定したのである。意識的に自分

自身と関わりながら、現世で与えられた人生を肯定し、だれかのためにではなく、自分のために一生懸命生きることを唱えたのである。

（c）自分と向き合う

キルケゴールとニーチェは、好対照であるといわれながらも、それらの思想に共通した点は「自分と向き合うこと」の重要さを説いたことだろう。ロロ・メイ（May, R.）は、キルケゴールとニーチェの二人が強調した点に「自己意識（self-consciousness）」をあげ「すべて客観化に向かう時代文化の中で起こっている最も破壊的な損失は、人間が自己自身の意識を喪失することだということを、二人ともよく気づいていた」と述べている。ニーチェは「私に従うな、自分に従え！」と訴えていたというから、人間が自己意識を喪失することの危機を強く感じていたことがうかがえる。

それは、合理主義的な観念が先行するような社会の中で自分を埋没させるのではなく、自分と向き合い関わること、自分自身の意識に気づき、発展させていくことの大切さを示していると考えられる。また、理性や理屈で自分や他者を理解しようとするのではなく、内省による「気づき（awareness）」をもつことによって、自分の存在を確認し、そうすることによって人生の価値が生まれ、生き生きとした「自分」を生きることができると示唆している。

第2節　実存主義的アプローチ

（a）実存主義的アプローチ

実存主義の思想は、1960年代頃にはアメリカに紹介され、カウンセリングにも影響を与えるようになった。ヨーロッパから実存主義的アプローチを紹介したロロ・メイは、「実存セラピィ運動の出現には（中略）サイコセラピィの現存するアプローチの中にある、いくつかの盲点によって引き出されてきた」と述べた上で、次のようにいっている。

> 実存主義的アプローチは「他の学派とは違っている点が二つあります。第一に、実存的アプローチは一人の指導者によって産み出されたのではなく、ヨーロッパのさまざまな地域でそれぞれ固有に、自発的に成長してきたということです。第二には、他の学派に対するものとして新しい学派を創設するとか、他の技法

に対するものとして、セラピィの新しい技法を開発するという趣旨をもったものではないということです。むしろそれは、人間の実存の構造を分析しようとするものであり、もしそれが成功すれば、危機にある人間のおかれている、あらゆる状況の根底にある現実（リアリティ）の理解を生み出してくれる、そうした試みであったのです」。

それまでの心理学では、過去に受けた影響が、現在の問題や悩みを生じさせていると考えられてきた（因果論）。また、当時のセラピーにおいては、行動療法を代表とする実証主義的心理学や精神分析が定着しつつあった。しかし、実証主義的心理学は、人間を理解するとき、客観的に観察することが不可能な内面の世界を考察対象とはしていない。また、精神分析は人間の病的な面に焦点をあてた人間理解といえる。

そのため、一面的で決定論的な人間観を批判、補完するかたちで、実存主義的心理学や実存主義的な実践は発展したのである。つまり、学問の対象として人間を理解した結果ではなく、「ありのままの生の存在」である人間と向き合い、関わる実践の中で生まれた、人間を理解するためのアプローチが、実存主義的アプローチなのである。

(b) 実存主義的アプローチの特徴

実存主義では、人間は、自ら選択し決定する能力をもつ主体的な存在であり、日々選択と決定のプロセスを経る中で自分を変えていくことのできる存在であると考える。そのため、実存主義的カウンセリングのアプローチにおいては、かけがえのない「私」を自覚し、「私」の実存の意味を実感し、理解することができるよう援助する。そのような人間観と指針をもつアプローチの実践的特徴には、次のような点があげられる。

（1）「理論」より「クライエント」を尊重する

人間は、データや理論だけでは、その人の全体、実存するその人自身について理解することはできない。そのため、カウンセラーはクライエントを統計的・数量的なデータ（たとえば、心理検査）により理解することや、心理学的概念や理論をあてはめて解釈することはしない。

カウンセラーは「考えること」よりも「感じること」を重視しながら、目の

前のクライエントをありのままに理解しようとする。

（2）カウンセリングの目的は「適応」ではなく「自分を生きる」こと

人間は社会的存在であるため、さまざまな社会規範を取り入れながら、生きることになる。しかし、その人にとって社会の価値が大きくなりすぎると、「他者に受け入れられる自分」「社会規範という枠にはめた自分」を生きることが重要になり、自分の欲求や価値観に基づいた自分らしい人生を生きることがおろそかになってくる。場合によっては、自分らしい生き方を見失い、生きていること自体が苦痛になってくることさえある。

実存主義的アプローチでは、社会に適応することをカウンセリングの目的としない。クライエント自身が、自分らしい生き方を選択し、それに責任をもち行動できることを大切に捉えていく。[3]

（3）役割を超えた「人間同士」の関係

「クライエント」「カウンセラー」という役割に縛られない人間同士の出会いや心のふれ合いを重要視する。カウンセラーは規則や原理に固執せず、一人の人間として「今、ここで」感じている実感を頼りに、クライエントに関わるのである。ムスターカス（**Moustakas, C.E.**）は「カウンセラーとクライエントという関係ではなく、人間と人間としての関係でなくてはならない」と説いている。カウンセラーもクライエントと同じ、人生においては悩みを抱え、不安や孤独を体験している人間である。そうした人間同士で生きた心の触れ合いをするときにクライエントを動かすと考えるのである。[3][4]

（4）実存的問題に取り組む

人生においては、問題解決が可能な悩みばかりではない。「なぜ、生きるのか」「死ぬとは何か」「友だちはいるのに、なぜ孤独感におそわれるのか」など、言葉ではいい尽くせない苦しい問題を抱えることがある。こうした悩みには解答が存在せず、独自の答えを見出しながら生きていくことになる。

このような実存的な悩みに対して、実存主義的アプローチでは、単なる心理的問題とはとらえず、実存的問題として積極的に取り組む。[4]

第3節　実存主義的アプローチの実践

実存主義的アプローチの実践家には、人間性心理学の開拓者であり自己実現

理論を唱えたマズロー（Maslow, A.H.）、現存在分析のビンスワンガー（Binswanger, L.）、ボス（Boss, M.）、ムスターカス、オールポート（Allport, G.W.）、ロロ・メイ、ロジャーズ（Rogers, C.R.）、パールズ（Perls, F.S.）などがいる。

　ロロ・メイは、「実存セラピィの基本的な貢献は、人間を存在（being）として理解するということ」と述べている。たとえば、クライエントをわかろうとするとき、精神分析のカウンセラーは、クライエントの過去を聞くだろう。また、行動療法などの実証主義のカウンセラーは、クライエントの行動を観察するだろう。そして、実存主義的アプローチのカウンセラーは、クライエントと一緒に過ごすだろう。同じ空間の中で一緒に時間を過ごし、クライエントという存在全体からカウンセラーはクライエントその人を理解するのである。

　実存主義的アプローチは、クライエントとカウンセラーが同じ人間として出会い、向き合い、クライエントの内的な世界を尊重し、クライエント自身が「気づき」を得られるように、心をこめて関わるのである。

　本章では、「実存主義心理学」とも呼ばれることもある、フランクル（Frankl, V.E.）とロゴセラピーについて紹介しよう。

（a）ヴィクトール・フランクル

　ロゴセラピーは、オーストリアの実存的精神医学者であるフランクルが創始した「人生の意味」に焦点をあて、クライエント自らがそれを見出すことを援助する心理療法である。フランクルがわずか4歳のときに「僕が生きていることの意味って何だろう？」と問うたというエピソードがある。そのことからも、フランクル自身が、生涯をかけて人生からの問いに応えていったといえよう。

　フランクルといえば、アウシュビッツ収容所での体験を著した『夜と霧』を思い出す方も多いだろう。フランクルは、ユダヤ人であったため、第二次世界大戦下でナチスに捕らえられ、収容所での生活を余儀なくされた。アウシュビッツ収容所での生存率は30分の1であったというから、捕虜としての収容所での生活は、どれほど過酷なものであったかが想像できる。ここで、フランクル自身も両親と妻を失っている。

　こうした壮絶な現実がありながらも、極限状態で生きる捕虜たちが、なおも希望を捨てずに生きつづける様の中に、フランクルが捕虜となる前に描いてい

たロゴセラピーの理念や構想がたしかなものであると、フランクルは収容所での体験をとおして確認するのである。そして、解放後、1946年に『医師による魂の癒し』（邦訳『死と愛』）においてロゴセラピーの体系を世に出している。

（b）ロゴセラピー

ロゴとは、ギリシャ語で「言葉」「意味」の意を指すが、ここでは「人間存在の意味」の意である。そして、ロゴセラピーは「意味による治療」という意であり、フランクル自身は「精神的なものからの心理療法」と述べている。[6]

人間もほかの動物も、同様に「心」をもっている。しかし、人間は、それよりももっと高次元の「精神」をもち、その精神機能を発現させる力をもっているとフランクルは考える。人間はこの精神機能を活かし、自らの「自由意志」に基づいた「責任」ある行動と決断を行う存在である。その人独自の人生の「意味」や「価値」を追求する存在であると考えるのである。[6]

そして、人間は置かれた状況において、自分が「求められていること」「なすべきこと」「できること」を見出し、それを全うすることが大切だと説いている。そのため、ロゴセラピーでは、次のような問いをクライエントに向け、クライエント自身が、自分の「なすべきこと」「求められていること」を意識化できるよう促すのである。

「あなたは、あなたの人生において何を求められていると思いますか？」
「今の状況の中で、あなたにできることには何があるでしょうか？」
「だれか、あなたを必要としている人はいますか？」

このように、ロゴセラピーとは、クライエントが自由意志と責任に基づいて、自分の人生の意味や価値を見出し、意味の実現を促す療法である。そのために、ロゴセラピストは、人生に意味があることを信頼しつつ、クライエントの精神性を尊重する人間的な態度で関わることが不可欠になる。

（c）**ロゴセラピーにおける三つの基本仮説**

ロゴセラピーは、「意志の自由」「意味への意志」「人生の意味」の三点を基本仮説とする。[7]

①意志の自由：人間はさまざまな条件や状況に対して、自らの意志で態度を決める自由をもつ。

②意味への意志：人間は生きる意味を求める存在である。
③人生の意味：個々の人間の人生には、独自の意味が必ず存在している。

　これらの基本仮説は、次にあげるフランクルの収容所でのエピソードによっても理解することができる。

　収容所には釈放期限がなかった。そのため未来における「内面的な拠り所を失った人間が崩壊していった」という。収容所からの解放や生きる希望を見出させている間は、生命力を取り戻し、何とか生きることができていた。しかし、希望がもてなくなったとたん多くの死者が出たというのだ[8]。

　また、生きる希望を失い自殺を試みた二人の男性に、フランクルが「たとえあなたが人生に何も期待していなくても、人生のほうはまだあなたたちに期待しているはずだ。何かがあなたたちを待っているはずだ」と語りかけたところ、自分を待っている人や仕事を思い出し、それを自覚することによって自殺を取りやめたという[9]。

　こうした体験を通して、フランクルは「人の主要な関心事は快楽を探すことでも、苦痛を軽減することでもなく、むしろ人生の意味を見出すことである」と主張する[10]。

（d）**ロゴセラピーの技法**

　ロゴセラピーには、オリジナルの技法である「逆説志向」と「反省除去」がある[7]。

（1）逆説志向

　クライエントが恐れていること、逃れようとしていることを望ませたり、実行させる療法である。家族療法などで用いるリフレーミングと類似しているが、逆説志向では「最も恐れていること」を逆説的に志向させる。予期不安に対して有効で、強迫神経症、恐怖症、不眠症などが主な適応対象である。

　たとえば、人前に出ると緊張して体が震えてしまう人は「また人の前で震えたらどうしよう」と先回りをして不安になり、「震えてはいけない」と思うことで悪循環に陥ってしまう。そこで、クライエントに「できるだけ震えてみる」「大いに緊張してみる」という覚悟をしてもらい、「よし！　緊張するぞ！　震えてみるぞ！」と思ってもらうよう指示をする。つまり、自分が不安に思っていること、恐れている症状に対する「構え」「態度」を変更するのである。

そうすることにより、悪循環が断ち切られるのである。
　（2）反省除去
　自分や自分の行為について「反省」することを除去する療法である。神経症や性神経症など、自分を過剰に観察してしまう人が主な適応対象である。
　たとえば、「病気で苦しんでいる人を助けたい」という思いで医師を目指している人が、医学部に入学するために「よい成績を修めなくては」と過剰に思いつめているとする。そのため、少しでも思い通りに勉強がはかどらないとき、過剰に「もっとがんばらなくては」「よい成績を取れない自分なんて価値がない」と自分に強いプレッシャーをかけ、焦りや不安が大きくなる。こうなると「人を助けるために医師になる」という本来の目的よりも「よい成績を修める」ことに焦点があてられている。そのため、反省や自分を責めることに目を向けるのではなく、「医師となって自分がなすべきこと」「人を助けるために今できること」など、別の方向に意識を向けていくよう援助する。意識を別の方向に向けることが悪循環から解放することにつながるのである。

（e）フランクルの人生観

　「人生の意味」に焦点をあてた心理療法を展開してきたフランクルは、「人生の意味」について、どのように考えていたのだろうか。
　フランクルは、次のように述べている。

> 「人間が人生の意味は何かと問う前に、人生のほうが人間に問いを発してきている。だから人間は、ほんとうは、生きる意味を問い求める必要なんかないのである。
> 　人間は、人生から問われている存在である。人間は、生きる意味を求めて問いを発するのでなく、人生からの問いに答えなくてはならない。そしてその答えは、人生からの具体的な問いかけに対する具体的な答えでなくてはならない」[8]。

　つまり、こうである。人生には、どんなときも意味がある。「私の人生には意味があるのか」「私の人生の意味は」と人間が問わなくても、人生のほうから、その答えは、個々の足元に届けられているのだ。だからこそ、いつも人生から送り届けられている「意味」と「使命」を発見し、それを実現すること。人生はあなたがそうすることを求めている、というのである[9][11]。

（f）三つの価値領域

　人生から届けられている実現すべき意味をみつけるための手がかりとして、フランクルは「三つの価値領域」をあげている。「創造価値」「体験価値」「態度価値」の三つの領域において、人生で実現すべき意味があるというものである。フランクルは「人間は活動において創造価値を、体験において体験価値を、苦悩において態度価値を実現する」と述べている(6)。

　また、フランクルは「自己実現は、仕事への関与を通じてみられる」という考えをもっていた(6)。そのため、自分を忘れて、自分以外のだれかや何らかの行為・仕事に関わることを重視している。この「三つの価値領域」においても、それが示されている。

（1）創造価値：自分の仕事などを通して実現される価値

　たとえば、「ビル清掃の仕事」は目立たず、地味な仕事であるが、清掃をしてくれる人がいて、人びとは気持ちよくそのビルで仕事をしたり、利用することができる。そう考えると、その仕事には大きな価値があるといえよう。清掃をする人が、そうした価値を見出し「私がなすべきこと」として仕事をする場合、創造価値実現の行為といえる。

（2）体験価値：人や自然と触れ合う体験、芸術の体験、だれかを愛する体
　　　験などを通して実現される価値

　たとえば、ボランティアとして老人ホームを訪問したとしよう。活動を通して「私を必要としてくれる人がいる」「待っていてくれる人がいる」「自分のしたことを喜んでくれる人がいる」という実感できる体験は、老人とのつながりを通して「生きている喜び」を見出すことになる。このような体験は、体験価値実現の行為といえる。

（3）態度価値：自分ではどうしようもできない状況、与えられた運命に対
　　　して取る態度によって実現されていく価値

　たとえば、重篤な病いを抱えた患者が、どんなに苦しい病状にあっても、自分のことよりも周囲の人を思いやる気持ちにあふれ、あたたかい言葉をかけるといった態度は、態度価値実現の行為といえる。

　人生には、自分では変えることのできないことが多くある。容姿や体質、生まれた家、生まれもった病気や障害、寿命などがそれである。この「与えられ

た運命」をどう引き受け、どういう態度でそこから生きていくのかによって、その人の人生の真価がわかる、とフランクルはいう。[9]

「人生には意味がある」という人生を力強く肯定するフランクルのメッセージは、現代に至るまでも多くの人びとを支えてきたことだろう。自分の人生にどんな意味があるのか、その答えをみつけるのは容易ではない。しかし、人生において実現するべき「意味」を自らに問い、探し、人生と対話をしていくことが重要であると考えられる。

第4節　クライエントにみられる実存主義的な悩み

カウンセリングの場では、カウンセラーの側が、実存主義的な人間観やアプローチの実践を大切にしていることがある。また、カウンセラーが実存主義的アプローチの実践家ではなくても、クライエント自身が実存主義的な考え方や悩みをもってカウンセリングに訪れる場合もある。

(a) 実存的な悩み

みなさんは、「私は何のために生まれたのだろう」「なぜ、生きている実感がないのか」「こんなに苦しい思いをしながらも、生きなければならない理由はあるのだろうか」「私が今、生きている意味や価値はあるのだろうか」と、ふと自分に問うたことはあるだろうか。そうした問いが、ふと心によぎるだけではなく、自分が生活する中で苦悩として存在する場合がある。

>「希望する大学にも入学でき、友人もできた。恋人もできた。授業も、サークルもそれなりに楽しく参加している。大学生活にも、家庭生活にも、特に大きな問題があるわけではない。しかし、何か、いつも、むなしさがつきまとう。常に、何かが足りないという感覚がある。生きる目的もなく、生きていく意味を見出すことができない」

こうした自分への問いや苦悩は青年期に多くみられるが、生きていく過程の中で、だれもが抱えうる問題でもある。この人間的な悩みは、それ自体は病的なものではない。

しかし、これは簡単に答えが出るものでもない。苦悩の深さや期間はさまざまであるが、自分なりの答えを出すまでは、言いようのない苦悩のプロセスを

たどることになる。

こうした悩みを抱えている場合、周囲からは「贅沢病」「怠け病」のように思われることさえある。しかし、自分が必要とする「何か」をいくら探して求めてもみつからない苦悩は、自分が脅かされているような、孤独で、逃れようのない苦しみになっている場合もある。

(b) **実存的空虚**

このような心のむなしさ、「自分の存在が何の意味ももっていないという感情」をフランクルは「実存的空虚（実存的フラストレーション）」とよんだ。[12]

実存的空虚は、それに対するその人の態度によって「逃避型」と「直面型」に分けられる。逃避型は慢性的なもので、毎日の忙しさ、趣味やスポーツ、過剰な飲酒や飲食によって空虚さから逃避する場合である。また直面型は、突然の出来事や挫折などによってもたらされることが多い、真に人間的な苦悩である[4]。

先にも述べたが、これらの苦悩それ自体は、決して病的なものではない。人間であれば、こうした苦悩を抱えることはだれにでもあり得ることである。しかし、こうした苦悩が原因となり、神経症へと至ることがある。これをフランクルは「実存的神経症（精神因性神経症）」と提唱した。

実存的神経症は、現代特有の神経症といわれ、神経症全体の約20％が実存的神経症であるという[4]。フランクルは「スピードは現代人にとって意味への意志のフラストレーション、不満、不充足を麻痺させる役割を果たしている」とした上で「人間は生きる目的を知らない時、それだけ生活のテンポを速めるしかない」と述べている[12]。

現代、私たちの生活は時間に管理され、ついついあわただしく過ごしてしまうこともあるだろう。忙しい毎日に追われていると「自分を生きている」という実感がもてずに、むなしくなる。むなしいから、気持ちを紛らわせるように忙しくしてしまう。このような悪循環を断ち切るためには、自分と向き合う時間、自分の実感を取り戻す機会を自覚的にもつことが一歩になると考えられる。

(c) **実存的不安**

「人間は孤独な存在である」という言葉はしばしば聞かれる。生活の中においても、「本当の意味で、自分を理解してくれる人はだれもいない」と感じる

ときや大切な人との別れを体験したときにも、孤独や深い寂しさを感じることがあるだろう。逃れられない出来事においても孤独や不安を感じることがあるだろう。人間はこのような孤独に陥る可能性をもちながら、同時に、孤独にならないようにだれかとつながりをもつ選択もできる。反対にこれまでの人間関係を断ち切る選択ももっている。その責任を負うのは「私自身」なのである。このような、孤独に陥る可能性、選択への葛藤と責任などの現実に直面したときに感じる不安を「実存的不安」という。

　ロロ・メイは、「不安というのは、喜びとか悲しみといったもろもろの感情の中の一つなのではありません。それはむしろ、人間の存在論的な特質であって、人間の実存そのものに根ざしているもの」であると述べている[2]。またゴールドシュタイン（Goldstein, K.）は「不安というものは、われわれが『もつ』(have) ものではなく『ある』(are) もの」だと強調している[13]。

　私たち人間は、人間関係を築いていく中で、自分や大切な人の未来を考えるとき、また望まないことが起きるかもしれないと考えるときなど、生きていく中にはさまざまな不安がいつもつきまとうものである。しかし、不安を感じることは特別なことではなく、もともと人間に存在している（存在論的性質）ものだという。不安は、それを実感しているときには、苦痛であり、脅威である。自分の心や存在自体が壊れてしまうかのように感じることさえある。しかし、ロロ・メイはそのような不安は、人間があらゆる可能性をもち、それを実現していく自由をもつ存在だからこそのものであり「不安は、この自由が具体化される前の、可能性としての自由の現実の姿」であり「人間がその可能性を現実化するという問題に直面している状態が不安なのだ」と述べている[2][14]。

　このように考えると、本来は、私たち人間が不安に陥ることは病的なことではなく、創造的な可能性をも含むことであるともいえる。しかし、その苦しみ、葛藤、脅威が強烈であると、神経症などの問題を抱えることになる。

　ロロ・メイは、人間が成長する過程において体験する「正常不安」に直面し、それを乗り越えていく体験が多くなればなるほど、「神経症的不安」を感じることが少なくてすむと述べている[15]。私たちが自分の中に不安による葛藤や苦痛を認識したとき、現状の問題解決の可能性を秘めている証として、それを捉えることができたら、不安に対する構えも変化するのかもしれない。

第5節　実存主義の現代的意義

　現代は、科学技術の急速な発展により、私たちの生活も便利な方向へ変化してきた。しかしそれに伴い、人間関係の稀薄さや人間疎外・抑圧など、さまざまな問題も指摘されている。価値観も変わった。これまで頼ることができていたものが、社会の変動とともにたしかなものではなくなった。どこを見て、何を信じて、生きていけばよいのか、人生の指針を見失っている人もいるだろう。

　また、ストレスの多い社会の中で「人の目や評価が気になり、それにしばられてしまう」「自分がどのように生きていきたいのか、わからない」「生きることに疲れている。なぜ、生きなければならないのか」このような苦悩を抱えている人もいるだろう。

　実存主義の思想は、こうした社会の中で生きる私たちが「主体」としての自分を取り戻し、自分の人生を肯定し、自分らしい価値感を見い出し、責任をもって生きていくための考え方やヒントを提示している。そして、自分の内なる声を聞き、気づき、自分の人生について問い考えつづけることで、社会に埋没した自分ではなく、かけがえのない自分を発見し、自分の人生を創造していくための指針を示している点に、実存主義の現代的意義があるといえよう。

　最後に、ゲシュタルト療法の創始者であるパールズの「ゲシュタルトの祈り」[16]を紹介しよう。だれかのためではなく、自分を生きること。出会うことも、出会わないことも、あるがままに受け入れる人生への構えは、現代を生きる私たちに勇気を与えてくれるだろう。

　　ゲシュタルトの祈り
　　わたしはわたしのことをやり、
　　あなたはあなたのことをする。
　　わたしはあなたの期待にこたえるために、この世にいるのではない。
　　あなたはわたしの期待にこたえるために、この世にいるのではない。
　　あなたはあなた、わたしはわたし。
　　もし偶然出会えば、それはすばらしいこと。
　　もし出会わなければ、それはいたしかたのないこと。

【引用・参考文献】
（1）諸富祥彦『カウンセラーが語る自分を変える〈哲学〉』教育開発出版会（1996）
（2）メイ , R.（伊東博・伊東順子訳）『存在の発見』誠信書房（1986）
（3）國分康孝『カウンセリングの理論』誠信書房（1980）
（4）國分康孝編『カウンセリング辞典』誠信書房（1990）
（5）諸富祥彦『フランクル心理学入門　どんな時も人生には意味がある』コスモスライブラリー（1997）
（6）フランクル , V.（霜山徳爾訳）『死と愛』〈フランクル著作集2〉みすず書房（1957）
（7）フランクル , V.（大沢博訳）『意味への意志－ロゴセラピーの基礎と応用』ブレーン出版（1969）
（8）フランクル , V.（霜山徳爾訳）「ある心理学者の強制収容所体験」〈フランクル著作集1〉『夜と霧』みすず書房（1961）
（9）フランクル , V.（山田邦男、松田美佳訳）『それでも人生にイエスという』春秋社（1993）
（10）フランクル , V.（高島博、長沢順治訳）『現代人の病』丸善（1972）
（11）諸富祥彦『生きていくことの意味』PHP新書（2000）
（12）フランクル , V.（中村友太郎訳）『生きがい喪失の悩み』エンデルレ書店（1982）
（13）ゴールドシュタイン , K.（西谷三四郎訳）『人間－その精神病理学的考察』誠信書房（1959）
（14）メイ , R.（小野康博訳）『不安の人間学』誠信書房（1963）
（15）メイ , R.（小野康博訳）『失われし自我を求めて』誠信書房（1970）
（16）フレイジャー , R.／ファディマン , J.（吉福伸逸監訳）〈自己成長の基礎知識2〉『身体・意識・人間性の心理学』春秋社（1991）

第6章
集 団 療 法

第1節　はじめに

　カウンセリングや心理臨床は、セラピストやカウンセラーが、クライエントと一対一で行われるのが、通常は基本である。個人の悩みや心理的問題は個人特有のものであり、カウンセラーがクライエントの問題や悩みを時間と空間をともにしながら、一対一でカウンセリング行うことである。しかし、グループ（集団）による心理治療もある。グループによる心理治療をグループ・アプローチまたは、集団心理療法（group psychotherapy）という。集団心理療法は、治療的に組織された集団の中で、治療者（セラピスト）とメンバー、またはメンバーとメンバーの間の対人交流や集団のもつ力によって、参加メンバーそれぞれの人格や行動の改善を目指すものである。個人療法と比較して、対人関係の障害が主な標的になる点と過去の対人関係の歪みよりも、集団のその場で（「今ここで」「here and now」）で起こっていることが重要視される点が特徴的である。治療理論や治療技法による違いもあるが、アクションメソッドと呼ばれる心理劇（サイコドラマ）、集団精神分析療法、行動療法的集団療法、ベーシック・エンカウンター、構成的グループエンカウンター、ダンス療法、音楽や絵画の芸術療法、ゲシュタルト療法、ソーシャル・スキル・トレーニング、アサーション・トレーニングなどがある。

　カウンセリングで有名なアメリカの臨床心理学者のロジャーズ（Rogers, C.R.）は、エンカウンター・グループなどの集中的グループ体験について「今世紀最も急速に拡大している社会的発明、恐らく最も将来性あるであろう」と述べている。集団心理療法は、適応となる対象や状態が異なるが、共通の治療的要因が見出される。集団によって受容される体験、感情のカタルシス、ありの

ままの感情が受け入れられ共有され、新たな適応的な感情へと変化する修正感情体験、ほかの参加者の気持ちや行動を体験することで、悩んでいるのは自分だけでないことに気づく普遍化、模倣などを通じて新たな適応的な行動の学習である（池淵、1999）。小谷（1990）は、集団心理療法の特有の要因として、

①現実的小社会の提供（内的世界の発見や新しい人格機能の習得を現実吟味する場であり、練習の場である）
②サポートの多次元性（治療者だけでなく、メンバー同士あるいは、グループ全体の風土によるサポートなど）
③見ることの学習体験（他者の体験を見ることにより、モデリング、対他者解釈などの機能を働かせたり、自己探求を刺激されたりする）
④見られることの学習体験（他者による自己に対する観察機能を自身の観察自我の補助として利用できる）

と指摘している。
　ここでは、集団心理療法のいくつかを紹介する。

第2節　心理劇（サイコドラマ）

（a）はじめに

　サイコドラマ（psychodrama：心理劇）とは、シナリオ（台本）のない即興劇である。普通の演劇ではシナリオがあり、役者はシナリオに沿って劇を進行していくのに対し、サイコドラマでは、演者は即興劇的に自己の内面（葛藤）を表現し、監督（精神科医、カウンセラー）は、劇の場面設定や進行をつかさどりながら、劇が癒しとして効果を生むように治療者としての役目をもっている。このように劇という集団の形で心理療法を行うことを創案したのは、ルーマニア生まれの精神科医のモレノ（Moreno, J.L.）である。
　彼はユダヤ人の商人の息子に生まれ、オーストリアの首都ウィーンで育ち、ウィーン大学の医学部を卒業し、「自発性劇場」という演劇活動を主宰し、さまざまな実験を経て、心理劇に到達する。彼が心理劇の治療効果を発見した有名なエピソードがある。彼は、シナリオのない即興劇を演じる劇団を組織していて、新聞記事のおもしろいニュースを取り上げては、即興で演じるという演劇をしていたが、ウィーンでの娼婦殺人事件を取り上げ、その娼婦役にバーバ

ラという人気女優をあてた。バーバラは、清楚な娘の役割やロマンティックな役割を得意としていたが、彼女に娼婦役という汚れ役を演じさせたのである。そうしたところ、彼女はみごとにその汚れ役を演じたのである。結婚していた彼女の夫の悩みは、彼女の家庭生活では罵詈雑言を吐き、暴力をふるうというヒステリックな態度であった。この娼婦役を演じるようになり、家庭生活での、彼女のヒステリックな行動が減少したことであった。つまり、舞台の上で、汚い言葉で相手をののしり、攻撃的な行動をするという汚れ役を演じるようになり、心理的な解放感が満たされ、私生活ではそれを出す必要性がなくなって落ち着いた生活を送れるようになったということである。その後、彼女は夫とともに舞台に上がり、実際の夫婦を演じながら、二人の心の葛藤を演じた。これがきっかけで、夫婦生活も非常に落ち着いたものになったということである。これにより、モレノは即興劇における治療メカニズムを発見したのである。彼は、ナチズムの台頭とともに、ウィーンを離れ、1925年にアメリカに移住する。

　1936年にニューヨークの郊外のビーコンに精神科療養所を開き、そこが後に、ビーコンハウスと呼ばれるサイコドラマの中心地になっていったのである。その後、1942年にアメリカサイコドラマ集団精神療法学会を創設し、サイコドラマの普及に努めた。精神分析を創始したフロイトとウィーン大学で会ったモレノはフロイトに「あなたがやめたところから私は始めます。あなたは治療室という人工的な環境で人びとに会いますが、私は、通りや彼らの家で、自然な環境で人びとに会います。あなたは人びとの夢を分析しますが、私はもう一度夢をみる勇気を人びとに与えようと思います」。ウィーンの自発性劇場は、反体制活動家や心理学者における反逆者の集まってくる場所になり、創造的革命の発祥地になった。サイコドラマの自発的演劇の自由な考え方は、自発的な遊戯療法、集団療法、役割訓練などに大きな影響を与えた。サイコドラマの発想は古代ギリシア悲劇である。これは主演者と観客が一体となってともに劇を作りあげるというもので、参加者の自発性や創造性が求められる。

　サイコドラマはある意味で大人の遊技療法である。遊べない人を遊べる人にすることが治療である。

（b）「**自発性**」があるということ

　自発性とは突然予想もしていないときに現れる創造的な力や、さまざまな障

害や壁を乗り越えていこうとする力である。モレノの言葉を借りていえば、「自発性とは、個人を新しい状況に適応させ、古い状況には、新しく行動させる力である」。これが欠如したときは、マンネリズムに陥っている状態であり、ワンパターン化した行動になっている。サイコドラマを行うことで、自発性が高まり、日常生活での人間関係を見直したり、問題解決への糸口を発見したりする。「人間はいかに自発的存在でありうるか」がモレノのテーマである。サイコドラマは即興劇であり、即興劇は自発性を高める効果がある。人生は突然いろいろなことが起こる。子どもの病気、夫の会社が倒産、親の死、自身の病気やけが、家庭の危機は訪れる。こうした危機に対して人間はストレスから心の病に陥り、生きる力を失うこともある。しかし、こうした環境の変化に対して、それを受け止め、自身の役割や行動を新しい環境に応じて演じていく、創造していくことができれば、人生もまた喜びに変わり生きる楽しさにつながる。

　たとえば、本社勤務から地方勤務を命じられ、出世コースから外れてショックと受けとめる人もいれば、地方勤務をきっかけに自然に親しむ趣味、釣りやスキーやハイキング、家庭菜園などに励むことで、豊な人生を送る人もいる。自発性があれば、環境の変化に応じた人生を楽しむことも可能である。

　心の健康とは、自発性を引き出しながら、役割をこなすことである。サイコドラマは自発性を高める効果がある。自発性を高める練習になる。

　（c）「**役割を取れること**」

　モレノは、「役割とは、個人的なもの、社会的なもの、文化的なものが明らかになるような総合的なユニットである」と述べている。また、台（2003）は役割について、ただ役割を取るロールティキング（役割取得）から自発的に役割を演じるロールプレイング（役割演技）、さらにはロールクリエーション（役割創造）の三つの段階がある、と説明している。マンネリ化した役割しか取れない人は、人間関係でもつまずきやすい。環境に順応するということは、場面の変化に応じていろいろな役割を取れることである。健康的な人は自発的に役割を取れる人である。

　たとえば、ある男性の会社の社長がいる。この男性は社長役割が肥大化してしまい、家庭でも、子どもや妻に部下のようにあれこれ命令して、自分のいう通りに従わせていこうとしたら、妻や子どもから反発を買い嫌われるだろう。

なぜならば、家庭に帰ればただの父親として子どもに接する、妻には夫としての役割をしてほしいという役割期待があるからである。家庭では休みのときには父親として子どもと遊ぶ、触れ合う、妻とともに家庭を支え合うという役割がある。

　ある男性は定年退職して、毎日が日曜日でやることがないと退屈だと、ひきこもりがちになり、妻の行くところに付いていき、妻に嫌がられる人もいる。いわゆる「濡れ落ち葉症候群」である。またある男性は、月曜は、陶芸、火曜は、テニス、水曜はボランティア活動、木曜と金曜はアルバイトの仕事、そして、週末は孫と一緒に過ごすというように毎日忙しく活気に満ちて生きる喜びにあふれている人もいる。人生をどう過ごすかは、環境ではなく、その人自身の考えかたや、自発性や役割意識にある。現実を受け止め、現在の環境に対して、いろいろな役割が取れることが自身を活発に生きることになる。サイコドラマでは、主役のためにほかの人がいろいろな役割を取り、主役の心の問題を解決に導く援助をしていく。このときに役割を取ることもロールトレーニングになるのである。

（d）背景となる理論－折衷主義

　サイコドラマの背景となる理論は、折衷主義である。自発理論、役割理論、行動理論、認知行動理論、ゲシュタルト理論、精神分析（とくに対象関係論）、自己理論、実存主義、遊戯療法、内面の世界を外面に、外面の世界を内面にみる。サイコドラマは活動的で遊びのおもしろさをもつ心理療法であり、大人の遊戯療法とよばれている。対象関係論の ウィニコット（Winnicott, D.W.）は、「心理療法における遊び（playing）の重要性を指摘し、遊べない患者が遊べるようになること」が必要だと述べている。遊びは二人の個人が協力し合って現実（空想）を共有することであり、それは心理療法にも通じるものである。それにはカウンセラー（セラピスト）自身も遊べることが大切である。

（e）サイコドラマの構造

　サイコドラマを実施するには、次の七つの仕掛けが必要である。

　①演者（主役）：人間関係の問題や自分の心理的葛藤を表現する人。自発的に自分を演じる場合と脇役になって演じる場合とがある。サイコドラマの効果を受ける人。監督の指示で動くが、役とイメージが決まれば、自発的

に演じてみることが大切である。

②監督：ディレクター、精神科医、セラピスト、教師などで、サイコドラマの進行と運営を司る役割の人である。監督は、演者の選定、ドラマの主題の選定、場面の設定、ドラマの進行などを行う。場面の構成、スタート、ストップ、流れを構造化する役割。また、演者に適切にアドバイスして演者の自発性を促したりする。

③補助自我：演者の気持ちを汲んで、適切な働きかけをする役割の人。演者が自分の気持ちがうまく表現できないときに代わって表現したり、適度に刺激を与えたりする。演者を二人で演じる（補助自我がつく場合）ことをダブルという。監督の意向を汲んで、演者に働きかける助監督の役割。

④ダブル：もう一人の自分という意味をもつ補助自我。主役の気づいていない、自分の内面の感情を明らかにする役割。

⑤観客：舞台に上がっている演者の動きを見ている人。演者と同じ気持ちでサイコドラマに参加、ときには舞台に上がって演じる場合もあるし、演者が舞台を下りて、観客に回る場合もある。

⑥舞台：フロアより一段高くなっている所であるが、演者の動くスペースである。通常はフロアと離れたスペースを舞台とし、机といすだけの舞台もある。

⑦場面設定：主役の思い描くときと場面を設定する。場面は演者の現在の場面にとどまらず、過去の場面、未来の場面と必要に応じて自由に作られる。

（f）サイコドラマの技法

① 役割交換法（role reversal）

他者の感情を理解することが必要なときに役割を交換する。座っている位置も交換する。母親役を演じている人に子供役を、子供役を演じている人に母親役を交換して演じてもらう。これによって、互いに相手の感情や気持ちを理解することができることが目的である。サイコドラマの場面で停滞して展開が進まないときに役割交換を行うことで、展開が発展することもある。

② 二重自我法（double）

主役の演者に補助自我を取る人がついて、二人で一人になって主役を演じる。主役にもう一人の自分（ダブル）がいることで、主役の気持ちを代弁し、とき

には、先導して主役の気持ちを述べることもある。ダブルにより主役は自分の心の葛藤を理解して、気づいていなかった気持ちにも目を向けることもできる。主役のダブルを選ぶときに、主役自身にダブルを選んでもらうこともあるし、監督があらかじめ助監督に補助自我として頼んでおくこともある。

主役以外の演者にも必要に応じてダブルを取ってもらうこともある。ダブルを演じることは、カウンセラーの体験学習にかなり効果がある。ダブルは、主役（演者）の気持ちを共感的に理解しながら演じていくので、ダブルの役割をしていることが自然にカウンセラーとしての感性の訓練になっているので、カウンセリングの体験学習にもなる。ダブルという存在はサイコドラマ特有のものである。このダブルの存在により、演者は自分の感情や気持ちをより深く理解して心の葛藤が表現されやすくなるのである。

③ 鏡映法（mirror）

主役（演者）が自分自身を演じられないときに、補助自我が代わりに演じることである。演者が自分を演じている人の行動を鏡に映る自分を見るように見ることで、自己を客観視して、自己の新たな気づきや自己の洞察へと導くためである。鏡映法により、自分自身をより客観的に見られるようになることは心理劇での大きな特徴である。

(g) **サイコドラマの実施法**

①ウォーミングアップ：参加者の心理的抵抗を取り、自発性を高めるエクササイズ。スポーツでいえば、準備体操に当たる。参加者の自発性を高めるのがねらいである。
・非言語的方法：ポーズ遊び、体操、空気のボール
・言語的方法：グループでの自由な会話、ディスカッション、空想の旅
・その他：スポーツ遊び（スキー、ドッジボール）、風景構成法、どこでもドア、マジックショップなど

②アクション（ドラマ）：アクションの目的は、参加者個人の内的葛藤状態の解決あるいは、解決の糸口の発見、と同時にアクションに参加したメンバーの心的解放（カタルシス）である。監督の場面設定と演技者集団の自発的活動の総合的な発展がドラマの展開に必要である。

③クロージュ（終結）：参加者が提示された課題が解決したと感じた時点で

終結となるが、明瞭に示されない場合もある。時間的制約からドラマが解決に至らなくても解決へのヒント（糸口）が得られ、現実生活への改善へのヒント得られれば、ドラマの意義はあったといえる。

④シェアリング（分かち合い）：ドラマの終了と同時に演者、演者集団、観客の全員で今のドラマを振り返るのである。演者として参加した人の自身の気持ち・自分の気づき、観客としての自分の気づきなどを相互に分かち合うのである。それによって参加者に何らかの認知の転換（気づき）が起こることが期待されている。

(h) **おわりに**

サイコドラマはアクション・メソッドといわれているように、身体表現を伴い、言語と非言語の表現を通じながら、自分の置かれた心の問題や葛藤を表現し、グループのメンバーの協力を得ながら、その問題解決を図っていくものである。グループの参加者の自発性や遊び心を育てるための集団心理治療であり、また人間関係の教育の場でもある。

筆者は、現代社会は、人間関係が希薄化しているので、サイコドラマを体験して対人関係の練習、他者理解、自己発見、カタルシス、他者受容を経験することができると思っている。筆者の監督体験では、学生の人間関係の教育の場や健常な人の対人関係の見直しが可能であると実感している。遊びは空想と現実の交錯で行われるが、遊びがなくなるということは、自分の居場所がなくなることである。サイコドラマで演じていくうちに新たな自分を発見したり、過去の自分に出会ったりと、まるで現実と空想を行き来しながら漂う心の遊びの世界を経験できるのは、サイコドラマならではの経験である。

サイコドラマの実践事例は紙面の限りから割愛したが、筆者の事例（小山、2003）を参考にされたい。

第3節 エンカウンター・グループ

(a) **はじめに**

エンカウンター・グループ（encounter group）とは1960年代にアメリカで起こった人間性回復運動の流れの中で発展してきた人間の心理的成長と対人関係におけるコミュニケーションの改善に焦点を当てたグループ体験である。パー

ソン・センタード・アプローチの発展に多大な影響を与えたロジャーズは、ベーシック・エンカウンター・グループという呼称を用いていることから、ベーシック・エンカウンター・グループともいう。また、非構成的エンカウンター・グループともいう。

これは、構成的エンカウンター・グループに対して用いられているものであり、構成的エンカウンター・グループがセッションの中であらかじめ何をするかエクササイズ（課題）を決めておくのに対して、エクササイズなどをまったく用意せず、ファシリテーターとともに集まった参加メンバーの内面的交流を中心に進められるので、非構成的エンカウンター・グループという。

野島（1992）は非構成的グループと構成的グループを比較して、前者は"process oriented"で、後者は"program oriented"であると指摘し、前者は上級者向き、後者は初心者向きと述べている。

（b）方　法

ベーシック・エンカウンター・グループでは、通常1～2名のファシリテーター（促進者）と10名から15名ほどのメンバーで構成される。メンバーの構成も年齢や職業もバラバラのほうがグループのプロセスがダイナミックになりやすい。時間はできるだけ、集中的に一つのセッションが2時間から3時間くらいの長さで設定され、2泊か3泊の宿泊形式で行われることが多い。そこでは話し合うテーマなどは設けられていない自由な話し合いが行われる。場所としても「文化的孤島」的な山里など静かで落ち着ける場所がよい。ゆったりと時間が流れ、自分のことに集中できる非日常的な空間と時間が必要である。

ここでは、普段の肩書や身分などの社会的役割を忘れ、一人の人間として自分の内面をみつめ、ほかのメンバーとの感情交流を図ることが大切である。

（c）グループ・プロセス

村山・野島（1977）は、以下のようなグループ・プロセスが起こると指摘している。

【段階1】当惑・模索：世間話や沈黙、自己紹介など、どうしたらよいかわからない状態がつづく。

【段階2】グループの目的・同一性の模索：いろいろな話題が次々に起こるが、つづかない。

【段階3】否定感情の表明：ファシリテーターやほかのメンバーに苛立ちや不満を表し、否定的な感情を向ける。

【段階4】相互信頼の発展：グループの中でまとまりができ、メンバー間に信頼や親密感が生まれる。

【段階5】親密感の確立：メンバー間に親密感が生まれ、笑いが出る。

【段階6】深い相互関係と自己と直面：各メンバーの率直な感情表現、ほかのメンバーへの正直な応答、対決場面などさまざまな試みがなされる。

【終結段階】：段階4以上「相互信頼の発展」のグループ・プロセスが展開できるかどうかで、グループ体験の中で満足感が得られたり、不満が残ったりという結果になる。

(d) ファシリテーター

ロジャーズはグループ体験におけるファシリテーターの態度を、以下のように示している。

①自分を表明する人に対して、できる限り注意深く正確に敏感に耳を傾ける、受ける（風土づくりの機能）

②グループをそのまま受け入れる（グループの受容）

③グループ自身は受け入れるときと受け入れないときがあるが、私個人としては受け入れる（個人の受容）

④個人が伝えようとしていることの正しい意味を理解する（共感的理解）

⑤自分の内部で起こる感情、言葉、衝動、空想を信頼する（私の感情にそって動く）

⑥自分の気持ちを積極的にさらけ出すことによってのみ、相手と対決することを好む（対決とフィードバック）

⑦もし私が、そのときの自分の日頃の生活で何かに悩んでいるとしたら、そのことをグループの中で表明することをいとわない（自分の問題の表明）

⑧自発性が一番大切で欠くことのできない要素と考える（計画と演習を避ける）

⑨グループ・プロセスに対する注釈の最善のものは、メンバーの間から自然に出てきたものであろう（解説やプロセスに対する注釈の忌避）

⑩メンバーが明らかに病的行動を示すときには、私はメンバーの知恵を自分

自身より信頼する（グループの治癒潜在力）
⑪できるかぎり、自発的な身体の動きとともに自分を表現する（身体運動、身体接触）

(e) **おわりに**

都留（1987）は現代社会の特徴として、ゆとりの喪失、効率主義による人間関係の希薄化、不慣れな状況に弱くなった現代人（失敗を恐れる若者）、迷いの学習の不足などをあげ、現代社会を出会いの喪失の時代と規定している。それゆえにエンカウンター・グループがこれらを補う場を提供するとしている。

第4節　構成的グループ・エンカウンター（エンカウンター・グループ）

(a) **はじめに**

ベーシック・エンカウンターが非構成的と述べたが、一方、構成的なものに構成的グループ・エンカウンター（structured group encounter）があげられる。構成的グループ・エンカウンターは國分（2000）らが提唱した「人間関係を作ること」「人間関係を通じて自己発見をする」ことを目的とした枠のある心の触れ合い体験を重視したグループ体験である。枠とはグループリーダーがグループの基本ルールの提示、話し合いのトピック、さまざまなエクササイズの実施、時間配分、グループサイズ、グループの構成員などを指示することである。構成的グループ・エンカウンターは学校教育現場で取り入れられ、サイコエジュケーション（心理教育）の一つとして実施されている。

(b) **方　法**

構成的グループ・エンカウンターは、次の手順で行われる。

①インストラクション：グループのリーダーがグループ体験の意義、目的、基本ルール、エクササイズの目的、やり方などを教示する

②ウォーミングアップ：エクササイズの前にメンバーの心理的抵抗や緊張を取るための活動。エクササイズの前の導入として参加者の動機づけを高めるものでもある

③エクササイズ：人間関係の体験学習であるからその内容は自己開示、自己理解、自己肯定、他者受容、ソーシャル・スキル、アサーション・スキルなどさまざまである。エクササイズの内容は、参加者の年齢や人数やニー

ズなどによって柔軟に選択される

④シェアリング：エクササイズの体験した後で、参加者が相互に話し合う。課題によって気づいたことやほかの参加者の感想を聞くことにより、新たな自己の認知、感情に変化が生まれるのである。

（c）構成的グループ・エンカウンターの特徴

宮田（2000）は、以下のように述べている。

①メンバーの心的外傷体験の危険性が低くなる
②グループの力動やプロセスを望む方向に転換するのが容易である
③リーダーもメンバーも比較的安心して参加できる
④時間効率がいい
⑤参加人数の多少に対応できる
⑥健常者ならば、比較的いろいろなタイプのメンバーが参加できる
⑦非言語的なエクササイズの利用も可能である
⑧型ができるので構成法の学習が容易である
⑨自己表明（シェアリング）を通じてプロセスの学習ができる

（d）おわりに

小山ら（2000 a）は大学生を対象に構成法によるグループ・エンカウンターを試み、「自己肯定感が高まった」「感情交流ができた」などの一定の効果が得られたと報告している。また小山（2000 b）は構成法と非構成法と両方のグループ体験をしてみて、以下のように述べている。

　構成法ではメンバーに対するガイダンス、オリエンテーションが多いということである。プログラム内容がエクササイズに中心に流れていく構成法では、リーダーの指示のもとで進行していくのである。メンバーの生活上のルールや時間に関するオリエンテーションも非構成法と比較してきちんと枠づけされている。これは構成法がメンバーの現実場面への適応や日常生活での汎化を意識して、あまり自由にやりたい放題にして現実場面から遊離してしまうと、現実場面に復帰するのが困難になってしまうのを避けているのである。それゆえ構成法はメンバーに対して教育的にアプローチしているといえる。

　一方、非構成法では、ファシリテーターがメンバーと対等に話し合いながら、その都度プログラムの内容を決めて時間がゆっくり流れていく。とくに入浴や

食事時間以外にルールはない。自由度のある雰囲気でファシリテーターとメンバー同士の感情交流を主体とした内容である。それゆえメンバーへの治療的アプローチといえる。カウンセリングの学習に伴いグループ体験を経験したい初心者は、まず構成法のグループ体験を何度か経験して、集団に対するレディネスを獲得したほうがよい。そして枠のあるグループ体験に慣れ、違うグループ体験を経験してみたいと思うようになって非構成法のグループ体験を経験していくとよいと思われる。

第5節　アサーション・トレーニング

(a) アサーション・トレーニングとは

日本人は、自己主張が苦手であるとか、相手に遠慮して言いたいことを言わないといわれている。自分の言いたいことを我慢して抑えるのではなく、「自分も相手も大切にした表現（さわやかな表現）」ができるようになるための練習をアサーション・トレーニング（assertion training）という。グループで行うときは、アサーション・トレーニング・グループという。アサーションとは自己主張という意味だが、ここでは「さわやかな自己表現」ということにする。

アサーションはアメリカで1950年代に対人技能の向上を目指して誕生し、その後人権問題や公民権運動、人種差別、男女差別、少数民族など、弱い立場にある人の権利擁護するための表現「だれもが自分を主張する権利がある」として発展してきた。アサーションでは、人とコミュニケーションの持ち方に4種類のタイプがあるという。

（1）攻撃的なアサーション（aggressive）とは、相手の気持ちや権利を踏みにじって自分の気持ちを表現する、自分は大切にするが相手は大切にしない表現、怒りに任せて、相手を罵倒する、自分の権利や考えのみを主張し、相手の権利や考えを無視する態度である。相手より自分が優位に立とうとしているし、相手をコントロールしようとしている態度である。

（2）非主張的（non-assertive）とは、言いたいことがあっても言わずに我慢する。おどおどして小さくつぶやくように言うだけで終わるような態度。自分を肯定する気持ちが弱い。用事を頼まれて断りたくてもつい「はい」と言ってしまう。相手に主導権を任せ、自分はそれに従うことで自分を守っている態度。

日本人に多いタイプ。周囲の人間に気兼ねして波風を立てないようにしている。このタイプはストレスがたまりやすい。自分を大切にせず、相手を大切にする態度である。

（3）さわやかな表現（assertive）とは、自分も相手も大切にした表現である。

平等な人間関係を促し、自分の権利を守るために行動する。自分の感情を無理なく素直に表現し、相手の権利を侵害することなく、自分の権利を行使できるようにする態度である。

（4）間接的攻撃：口でははっきり言わないが、相手に不快であることを間接的に示し、しかし、相手の言うことには従う態度。試験の前にノートを貸してと言われた学生が、相手に「貸さない」とは言わずにノートをぶっきらぼうに放り投げる。口に出していやであるとは言わずに態度に表すタイプ。

このようなタイプを実際にグループの相手とロールプレイを交えながら練習していく。ほかのメンバーの表現を観察しながら、自分に取り入れてみる。実際に日常場面で困るような場面を取り上げて実際に練習してみる。

例をあげて説明する。

【状況】高校時代の友人から今夜、話があるから飲みに行かないかと誘われた。今夜は、明後日までに提出が迫ったレポートを書かないといけない大学生のあなたはどうしますか。

①攻撃的表現：「お前と飲みに行っている場合じゃないよ、お前みたいな奴と付き合っている暇はないよ」

②非主張的表現（おどおど）：「うん、そうだなぁ、いいよ」。迷いながら困ったなぁという顔。

③さわやかな表現：「ありがとう、久しぶりに会って飲みたいね。でも明後日までのレポートがあって、今夜どうしてもやらないといけない、話はレポート終わってからでもいいかな。レポート終わったら、必ず僕の方から連絡するよ」

以下にアサーション・トレーニングの練習を示した。自分で具体例をあげ、練習してみよう。

《アサーション・トレーニング》

【状況】

① 攻撃的な表現、怒りの表現(アグレッシィブな表現)

② おどおどした表現(ノン・アサーティブな表現)

③ さわやかな表現、しなやかな表現(アサーティブな表現)

【引用・参考文献】

(1) 平木典子『アサーション・トレーニング』金子書房（1997）
(2) 池淵恵美「集団精神療法」、中島義明編『心理学辞典』有斐閣（1999）
(3) 小谷英文「集団心理療法」、小此木啓吾編『心理療法1』〈臨床心理学大系〉（1990）
(4) 國分康孝編『続構成的グループ・エンカウンター』誠信書房（2000）
(5) モレノ, J. L.『サイコドラマ』（増野肇監訳）白揚社（2006）
(6) 宮田均「グループ・アプローチの理論的基盤」、國分康孝編『続構成的グループ・エンカウンター』pp.30-39. 誠信書房（2000）
(7) 村山正治・野島一彦「エンカウンター・グループ・プロセスの発展段階」、九州大学教育学部紀要21、pp.77-84.（1977）
(8) 野島一彦「文献研究の立場からみた構成的グループ・エンカウンター」、國分康孝編『構成的グループ・エンカウンター』pp.23-34. 誠信書房（1992）
(9) 小山望・伊藤稔・川村幸夫「構成的グループ・エンカウンターによる大学生の人間関係能力の改善と開発に関する研究」東京理科大学紀要32号、pp.181-193.（2000 a）
(10) 小山望「構成的グループ・エンカウンターとその他のグループ・アプローチとの相補性」、國分康孝編『続構成的グループ・エンカウンター』pp.275-282. 誠信書房（2000 b）
(11) 小山望・河村茂雄編『人間関係に活かすカウンセリング』福村出版（2001）
(12) 小山望「人間関係についての集団的理解」、佐藤啓子編「人間関係の危機と現実」『現代のエスプリ447号』pp.45-57. 至文堂（2003）
(13) 小山望編著『人間関係がよくわかる心理学』福村出版（2008）
(14) 高良聖「心理劇」、野島一彦編「グループ・アプローチ」『現代のエスプリ385号』pp.23-31. 至文堂（1999）
(15) 都留春夫『出会いの心理学』講談社現代新書（1987）
(16) 台利夫『ロールプレイング』日本文化科学社（2003）

第7章
学校臨床

　本章では教育領域で活躍する臨床心理士の仕事を取り上げる。教育領域で働く臨床心理士とは、都道府県または市町村教育委員会の相談機関に所属する相談員、各大学の相談センターのカウンセラー、小・中・高等学校のスクールカウンセラー、幼稚園・保育園の保育カウンセラーなどである（図7-1）。これらの仕事に携わっている者の数は、全臨床心理士の約25％を占めている[1]。ここでは、主に学校教育現場で働くスクールカウンセラーの役割と教職員との協働を具体的に紹介する。

　学校臨床は、グループを対象としたり、相談室以外の場所で会うことがあったり、時間の制限が厳密でないなど、構造的な面接スタイルを保ちにくい点がある。決まった場所で定期的に一対一で会うという治療モデルをカウンセリン

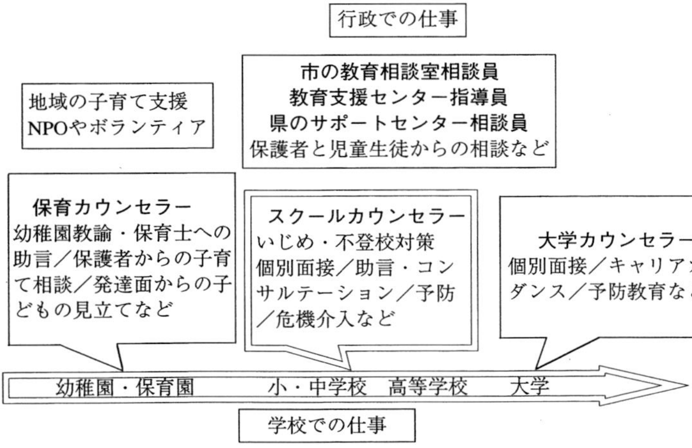

Ⅱ部　実践編

図 7-1　教育領域での臨床心理士の仕事

グの基本とするならば、学校臨床は、心理臨床の応用編といえるだろう。また、学校コミュニティでの心理臨床活動は治療が目的ではなく、日常生活の中での子どもたちの発達の促進や問題の予防・解決のための支援・援助であることから、発達心理、教育心理、臨床心理など幅広い領域にわたる実践的活動である。そしてスクールカウンセラーは、子どもたちを援助したり、成長に触れたりしながら、喜びを共有できるやりがいのある職業である。

第1節　スクールカウンセラーとは

(a) スクールカウンセラーの歴史

スクールカウンセラーという職業が一般的になったのは、1995年に文部科学省が「スクールカウンセラー活用調査研究委託事業」に基づいて、全国の154の公立学校にスクールカウンセラーを配置した(予算3億円)ことがきっかけである。当時、いじめによる自殺が社会問題になり、増え続ける不登校も8万人を超え、学校が抱える課題は山積みになっていた。そのような問題行動に対応し、学校におけるカウンセリング機能の充実を図ることを目的として、児童生徒の臨床心理に関して高度に専門的知識・経験を有するスクールカウンセラーを学校外部から配置したのである。

その後規模は年々拡大され、2000年には全国で1,643校（予算36億円）に配置された。2001年には文部科学省の「スクールカウンセラー活用事業補助」により、各都道府県に半額補助という形で、本格的にスクールカウンセラー制度がスタートした。2005年には1学年3学級以上の全公立中学校約10,000校にスクールカウンセラーを配置完了するという計画に基づき、都道府県の格差はあるが、公立中学校の全校配置はほぼ実現された。2007年度以降は、小学校へのスクールカウンセラー配置やスーパーバイザーの配置、緊急支援への派遣さらにはスクールソーシャルワーカーの配置も導入され始めている。

(b) スクールカウンセラーになるには

各都道府県の「スクールカウンセラー取扱要綱」によって多少の違いはあるが、文部科学省の指針では、以下のような資格を求められる。

(1) 財団法人日本臨床心理士資格認定協会が認定した臨床心理士
(2) 精神科医

(3) 児童生徒の臨床心理に関して高度に専門的な知識及び経験を有し、学校教育法第1条に規定する大学の学長、副学長、教授、准教授又は講師の職にある者（常時勤務する者に限る）又はあった者

この他に「スクールカウンセラーに準ずる者」（心理臨床業務又は児童生徒を対象とした相談業務に一定の経験を有する者）も資格要件に含まれている。

公立学校の場合、採用は各都道府県や指定都市の教育委員会が行うが、私立学校や各市町村などで独自に行っている場合もある。

（c）スクールカウンセラーの勤務形態と職務

スクールカウンセラーの勤務形態は画一的ではないが、1年契約の非常勤職員で、1校につき週8時間から12時間（特に必要な場合は30時間までの勤務可）、年間35週間勤務が一般的である。

文部科学省のスクールカウンセラー事業で決められた職務は、以下の通りである。

(1) 児童生徒へのカウンセリング
(2) 教職員に対する助言・援助
(3) 保護者に対する助言・援助

実際の職務では、これらの基本的要件と児童生徒のカウンセリングに関する情報収集・提供や必要と認められる活動なども含んだ柔軟な対応が求められる。

学校へ入る前に知っておこう！

＊学校って何だろう？
　「一定の教育目的のもとで教師が児童・生徒に組織的・計画的に教育を行う所、またその施設」（『広辞苑』より）スクールカウンセラーも学校長の監督下で組織的に教育を行うスタッフの一員として働きます。

＊コウムブンショウって何だろう？
　教員は授業や学校生活上の諸問題で児童生徒に関わる以外に、校内の事務的な業務や役割を分担して遂行しています。この組織系統を**校務分掌**といいます。たとえば、児童生徒の学校生活全般を指導する「生徒指導部」の中に「教育相談係」が位置づけられ、スクールカウンセラーも教育相談係に所属して、教員と協力しながら働きます。

＊関連の法律[(2)]を知っておこう！
・教育基本法
・学校教育法・地方教育行政の組織及び運営に関する法律
・児童虐待の防止等に関する法律など

第2節　スクールカウンセラーの役割

(a) コミュニティの一員として

　学校教育の中にスクールカウンセラー（以下、SC）という職名ができて、まだ日が浅い状況である。いまだ「外部の人」と認識される場合もあるが、SCは学校（地域）風土を侵襲しないよう配慮しながら、コミュニティに溶け込んでいく努力が必要である。それには、教職員や保護者との「内輪」の感覚をお互いにもてるようになることである。「内輪」の感覚をもつとは、双方が適度な心理的距離を保ちつつ、同じ学校コミュニティに所属する仲間意識をもつことと同じ目的をもって働くという信頼関係をもてることである。

　たとえば、学校（地域）行事に一緒に参加して、役割分担を果たした達成感を共有するとか、SCも教職員の親睦会に参加し、お互いに学校では見せない面を知って親しみを深めるなど、仲間として認識される機会をもつことから始めてみるとよいだろう。この「内輪」の関係が学校コミュニティの中に根付いてくると、児童生徒支援を行う際に自然発生的にチームワークが生まれる。このチームワークこそが、児童生徒の成長促進には何より必要なのである。SCは問題を抱えた児童生徒を一人で抱え込むことなく、教職員とともに学校という枠組みに守られ支えられながら、より現実的な対応をすることができるようになる。

(b) つなぎ手として

　SCはいろいろな場面で、橋渡し役として「つなぎ手」の役割を担っている。SCの「つなぎ手」としての役割は二つある。一つは、問題を抱えている児童生徒の心の内側を理解し、問題解決のために現実場面につないでいくことである。この「つなぎ手」の働きは、彼らの葛藤を理解し、問題に向き合う力を育てる関わりである。

　不登校になり相談室登校をしている生徒の例をあげてみる。SCと遊んだり話をするうちに、その生徒の状態は安定し他者との関わりを求めはじめる。SCはそのタイミングを察知し、担任と相談して、その生徒が給食だけ食べるとか1校時だけ授業に参加してみるなどの他者と少しずつ関われるような環境調整をさりげなく工夫する。そして、その生徒が自分の力で学級復帰ができる

ように縁の下のお手伝いをするのが、SC の仕事である。

　二つめは、コミュニティ内での「つなぎ手」である。学校内外のコミュニティ構成員（教職員、友だち、保護者、地域の住民や専門家など）はすべて援助者になり得る。筆者の経験では、登校しぶりの児童生徒宅へ友だちが朝迎えにいくうちに、その児童生徒が登校できるようになった例はたくさんある。非行傾向の児童生徒が用務職員になついて一緒に仕事をするうちに、落ち着いて授業に参加できるようになった例もある。また、虐待や経済的な問題が混在する事例は、行政や地域の篤志家の援助も必要である。さらには、事例に応じてクリニックや病院、児童相談所、市の児童家庭相談員などと連携しながら、SC がつないでいくこともある。このようにまわりで抱えてくれる人びとの貢献は多大で、外部助力を見極め、紹介したりお願いしたりコンサルテーションをしたりするのも SC の役割である。この SC の役割も学校の管理職・担任や地域の世話役などと相談しながら協力して行うことがコツである。

（c）成長を促す者として

　すべての児童生徒は学校という場で教育を受ける権利があり、自己の能力を発揮しながら、心身ともに成長する力を内在している。学校コミュニティでは、教職員が一丸となって、児童生徒に対して、教育的効果を波及させることが期待されている。SC も学校コミュニティの一員として、「児童生徒の成長する力を引き出すという心理教育的援助を行うのだ」という自覚をもっていることが必要である。

　SC の活動の中で一番危惧されるのは、SC が一人で問題のある児童生徒を抱え込んでしまうことである。学校全体の教育効果を考えている管理職や教員から SC の活動が理解されずに、相談室がいつの間にか「甘えの温床」になっているのではないかという不信感をもたれると、相談室の機能は学校教育全体に寄与しなくなる。援助チームで話し合い、役割分担を決めて、SC が母親的役割を担い、子どもを甘えさせることもある。そのようなときでも、SC は「彼らが葛藤や不安を抱えながら乗り越えていくことのお手伝いをするのだ」ということを常に念頭に置いて、援助チームの一人として行動することが、児童生徒の成長促進につながっていく。

　たとえば、前述の相談室登校をしている生徒の例を別の面から考えてみる。

SCとその子は毎週会ううちにお互いに親しみを感じるようになり、彼にとって相談室は居心地のよいところになる。そして、その生徒には大人への信頼感と環境への安心感が生じ、自己の本来もっている能力を発揮しやすい状態になってくる。大事なのは次の課題で、安全な相談室から不安定な教室へ一歩ずつ踏み出す準備をしなくてはならない。その生徒にとっては相当な勇気が必要であるし、安心できる居場所からSCとの別れの痛みに耐えて、羽ばたいていかなくてはならない。一方で、呼びに来てくれる友人やそれとなく教室の様子を話しに来てくれる担任がそっと後押しをしてくれる。このように学校内のいろいろな人に支えられながら、さりげなく分離の準備を整える。これが成長を促すSCのコーディネーターとしての役割である。そして、その生徒が本来自分で乗り越えるべき課題を着実に成し遂げたときに、真の成長がある。SCが児童生徒自身の課題を代理で解決してしまうようなことがあってはならないし、支援する側もされる側も分離の痛みに耐えてこそ、ともに成長する。

　また、相談室へ来室する児童生徒の多くは、相談室がどんな悩みでも受動的に解決してくれるという万能的なイメージをもっていることが多い。これを受け入れてしまっては依存させるばかりで、児童生徒の真の成長は望めない。SCは、児童生徒がさまざまな経験を通して、自ら課題解決する能力を身につけていけるよう、常に配慮することが大事である。

スクールカウンセリングの大原則

* 学校を一つのコミュニティとして見立てよう
* スクールカウンセラーもコミュニティの一員として、すべての教職員と協働する意識をもとう
* 学校外の専門機関との連携もできるようネットワークを作ろう
* スクールカウンセラーという中立的な立場を生かして、「つなぎ手」の役割を担おう
* 個人情報は**集団守秘義務**を基本として、相談者に利益があると判断されるときに、相談者の了承を得て、関係者で共有しよう
* 児童生徒の見立ては、多方面から情報を収集して多面的・重層的に検討しよう（図7-2参照）
* 相談の構造は壊されやすく不安定であるが、柔軟な対応によって安定させる努力をしよう
* 健康な児童生徒への予防・開発的教育に取り組もう

児童生徒の成長、SCの成長、そしてそれを支えてくれる学校コミュニティの人びとの成長が全体的な教育効果の波及となるのである。

第3節 スクールカウンセラーの実際の仕事

(a) 学校臨床の枠組みの特徴

　学校臨床では、いわゆる治療モデルといわれる基本的なカウンセリングスタイルを保ちにくいと前述したが、より具体的に治療モデルと学校臨床モデルの対比を**表7-1**に示した。学校臨床モデルでは、学校コミュニティの集団に予防や介入といった手法で働きかける場合と、校内の相談室を拠点に生徒や保護者・教職員を対象にカウンセリングや助言、コンサルテーションを行う場合がある。前者は時間や場所などの枠組みに囚われずに、教職員や地域住民と協力しながら積極的にコミュニティに介在していく姿勢が必要である。後者は、学校内でできる限り柔軟に時間の制限などの枠組みを作りながら、児童生徒との信頼関係を基盤に面接・観察・遊びなどを通して、見立てをしながら成長促進的に関わることである。また、保護者・教職員には助言やコンサルテーションを通して、相談者のストレスが軽減するような関わりが有効である。

　このように、学校臨床では二つのモデルを同時進行で進めていくため、枠組みの設定も臨機応変に対応しなければならないが、できる限り学校のルールに沿うのが望ましい。

表7-1 クリニックモデルと学校モデルの違い

	治療モデル	学校臨床モデル	
着目点	個人	個人	集団
場所	面接室	主に学校の相談室	地域・校内全域
時間	決められた時間	おおよそ45〜50分	特に制限なし
対象者	クライエント	問題を抱えた児童生徒・保護者、教職員などの個人	児童生徒・保護者・教職員などの集団
方法	検査・カウンセリング	カウンセリング・助言・コンサルテーション	コンサルテーション・助言・介入・援助
目的	治療	成長の促進・問題の軽減	予防・成長の促進・問題の軽減

(b) 児童生徒との出会い

　SC は学校内の至る所で大勢の児童生徒と出会う。着任時には全校集会で自己紹介し、顔と名前を知ってもらうことが大事である。そして、廊下や昇降口で児童生徒と挨拶を交わしながら集団の様子を観察する。筆者は遅刻してくる子どもと知り合いになったり、不登校気味の子どもの下駄箱をチェックしたりすることもあった。また、さまざまな児童生徒が来る保健室は学校全体の窓口であり、情報の宝庫である。常日頃から保健室に立ち寄り、身体症状を現している児童生徒と顔見知りになったり、養護教諭と必要な情報交換をいつでもできるようにしておくと、その後に役立つことが多い。

　相談室での一対一の出会いは、児童生徒が本人自ら来談する場合と、担任・養護教諭・保護者が問題を抱えた児童生徒を連れてくる場合がある。第三者が連れてくる場合には、本人の承諾があることと来談理由が明確になっていた方が話を聴きやすい。

　どのような出会いであっても、相談室での個別面接になった場合、SC は事例の見立てと相談者の最終目標の確認をする。児童生徒がこの目的を遂行するために、スモールステップでの課題実行と修正を繰り返しながら、SC は本人の成長を促進することが大きな役割である。見立てについては第4章でくわしく述べるとして、学校内の児童生徒の個別面接の方法についてくわしく述べる。見立てと同時進行で、「目の前にいる困難を抱えた児童生徒に、どのようなサービスメニューを提供すれば、よりよい方向へ本人が歩み始めることができるか」ということを念頭におきながら、その児童生徒のニーズにあった柔軟な対応方法を決める。

　たとえば、時間を決めてじっくり一対一で話を聴く方法、相談室登校や友だちや SC と安全に遊べる場所として居場所を提供する方法、また、助言を与えて本人が実行してみる基地的な役割を担う方法、学習の困難を補うため家庭教師的な役割を担う方法などである。このようなおのおののニーズにあった関わりを通して、本人の自己肯定感の回復がなされ、自己の自然治癒力が発揮されて、個に応じた正常な成長が促進されていくことが目的である。最終的な目標は充分吟味しなくてはならないが、短い期間での小目標を立てながら実行と修正を繰り返し、最終的に「学級に復帰し授業をみんなと一緒に受ける」とか

「卒業式に参加する」「高校に合格する」「就職先が決まる」などの具体的で現実的な結果を児童生徒が体験できるとよい。

　SCと来談した児童生徒は信頼関係に基づいて関わっていくが、すでに相談室という場所そのものが「抱える環境」⁽³⁾となるので、SCは「児童生徒を共感的に理解する努力をしながら、適度な距離感をもつこと」も大事である。

（c）家庭訪問

　家庭訪問は本来担任の仕事である。不登校生徒の「早期発見・早期対応、なるべく長期化させない」という鉄則を遂行するために、SCも担任と同行して学校という枠を越えて、児童生徒に会いにいくことがある。しかし、守られた家にいる児童生徒にとって他者が訪問することは侵襲的であるので、事前に連絡をしたうえで、「地域巡回でプリントを届けに来たよ。」というくらいの気軽さが必要である。SCは、心のどこかで人とのつながりを待っているであろう不登校の児童生徒に「先生（学校）はあなたを見捨てていない。いつでも待っている。」というメッセージを送り続け、「つなぎ役」としての役割機能を果たす。たとえ会えなくても、足を運ぶことが関係性をもつことの第一歩なのである。また、家庭訪問で問題を抱えた児童生徒の生活の場に遭遇し、家族間のやり取りを目の当たりにすることは、起こっている事象の意味を深く理解し見立てをする上で大変重要である。

　最後に保護者面接について触れておく。家庭訪問で保護者に会う以外に、最近では保護者も手軽に相談できる場所として、学校の相談室を訪れることが多くなった。初心のSCにとって、保護者と面接をするということは緊張を強いられるであろう。そのような場合はSC側の姿勢を明確にしておくことが大切である。まず、目の前にいる保護者の現状や問題を理解して気持ちを汲み取り、緊張感や罪悪感を軽減させる。そして、子どもの一番身近にいる保護者とSCや教員がお互いに情報交換をしながら協力し合い、問題を抱えた児童生徒への

スクールカウンセラーが受ける相談ベスト10

1. 不登校　　2. 発達障がい　　3. いじめ　　4. 家庭の問題
5. 学級や部活動での対人関係　　6. 自分の身体や性格について
7. 学業や進路　　8. 先生との関係　　9. 異性との交友関係　　10. 非行

支援をともにしていけるような関係を築けるとよい。

(d) 職員室での過ごし方

　SCは相談室以外にも職員室に席を確保しておくと仕事がしやすい。朝の打ち合わせの時間に参加できると、学校全体の動きや生徒の様子を細かく把握できる。そして、その後の朝のHRの時間は管理職や担任をもっていない教員と雑談をする中で、さりげなく相談室の様子や生徒の動向を伝える。学校内では、管理職にSCの仕事ぶりを把握しておいてもらうことが大事である。そして、休み時間や相談室を閉めたあとの時間は職員室へ戻り、忙しい担任と少しでも多くの話ができるように工夫する。児童生徒の情報交換や支援対策立案は、枠組みが明確な専門家同士の会議である「教育相談会議」や「事例検討会」などで話し合われることが多いが、それよりも短い立ち話やお茶を飲みながらのちょっとした情報交換の方が大事な情報を得られたり役に立つことが多い。このような「内輪」の関係で日常的に行われる会話の積み重ねが、実際の教職員へのコンサルテーションとなるのである。菅野（1994）が自己の実践の中で以下のようにコンサルテーションについて述べている。

　「①先生方に何事かアドバイスするときには、ごくごく簡単に、明快に言わなければならない。（中略）あいまいな物言いやこちらの用語で伝えていても、先生にはよくわかりにくかったり、不安になるだけなのである。

　②カウンセラーにはなれないが、先生には先生の接し方があるのであり、それを保証するのが私たちのようなものの仕事ではないかと思う。

　③私にわかる限りで、そういう子の特徴とかメンタリティについて、先生たちに届く言葉で解説するのである。

　④校長や教頭あるいは他の教師や関係者に報告されるのはこういう明快な出来事なのであり、あいまいな出来事は伝わらないという事情もあるわけである。彼らからすれば、『プロの技』をどこかでしっかりとみせつけることは必要である。そのために、こちらはいつも緊張感を持続していなければならない。」[4]

　教職員へのコンサルテーションは、教員としての考えや行動を尊重し保証しながら、個人の熱意や資質をSCが考慮したうえで、わかりやすい言葉で「やや専門的な臨床心理学のエッセンス」を伝えていくことである。コンサルタン

トである SC が具体的にわかりやすく伝える努力をすることで、教員にとって「信頼できる助かる存在」になれるのである。

　この地道な職員室での活動が管理職や教職員に認められると、SC は学校組織の中に組み込まれ、校務分掌上だけではない実際に役に立つ「教育相談体制」が自然とできあがっていく。このとき、SC はキーパーソンとなる教育相談担当教員といかに円滑なコミュニケーションが取れるか、ということが大切な鍵となる。こうして、外部から入った SC が学校内部に組み込まれ、学校全体の教育活動に寄与できる存在として認知されていく。さらに、地域での外部機関とのつなぎ手としての役割を学校の職員として任されていくのである。

（e）学校全体を対象にした予防・開発的教育

　学校では不登校・いじめ・暴力行為などさまざまなことが日々起こっている。これらの出来事は当事者ばかりでなく学校全体に影響を及ぼし、学校がストレスフルな環境となってしまう。SC は相談室へ来る問題を抱えた児童生徒への対応だけではなく、学校全体にも目を配り、教職員のメンタルヘルスや児童生徒への予防・開発的教育も行わなくてはならない。

　たとえば、教職員へは校内研修などの機会を活かして、自己の気づきを促進するエゴグラム（心理テスト）を実施したり、和やかな雰囲気でリラクセーションを取り入れたストレスマネジメント研修などを行う。その研修自体が教職員の息抜きになり、リラックスできれば大成功である。児童生徒へは学齢や時期を考慮した上で、エンカウンター・アサーショントレーニング・エゴグラムなどを取り入れた心理教育的授業を受けもたせてもらうとよいだろう。学校によっては、保護者向けの研修を依頼される場合もある。また、SC が発行する広報紙である「相談室だより」などの中に、わかりやすい簡単な心理教育的記事を掲載し、広範囲に啓蒙するなどの工夫も必要であろう。

（f）学校が危機状態に陥った時

　大勢の人びとが生活をともにする学校では、地震・台風などの大きな災害や交通事故・自殺などがいつ起きるかわからない。そのような危機的状況では、学校全体が機能不全状態となる。危機事態に応じて、都道府県・市町村の教育委員会が早急に介入したり、精神保健センターを中心とした CRT（クライシス・レスポンス・チーム）などの支援チームが発動することがある。SC も校

内の支援チームの一員として緊急支援にあたる。SCは学校全体の動きを把握しながら、教職員・児童生徒の心の傷つきがこれ以上大きくならないように気を配り、学校全体が自然と日常生活を取り戻せるよう配慮する。

具体的には、教職員や保護者に「子どもたちにあらわれる反応と気をつけていただきたいこと」を伝え、危機状態に陥ったときの人間の正常な反応と対処法を知らせることで、不安に陥っている人びとに安心感を与える。また、反応を現している児童生徒には「心の健康調査票」などを使って、個別の面接を行い、経過観察をする。この場合、時期尚早の聞き出しすぎや語らせすぎに気をつけなくてはいけない。ある程度危機状態が落ち着いてからゆっくりと気持ちを聞く方が安全である。(5) SCは職員室では、支援する側の教職員の疲労にも気を配り、甘いお菓子を用意しておくなどの気遣いもあるとよいだろう。このように、SCは全体を見渡しながら、学校コミュニティの日常生活回復のお手伝いをすると同時に、PTSD（心的外傷後ストレス症候群）に気をつけながら個々に傷ついた児童生徒・教職員の継続的なケアも行うのである。

秘密はどうすればいいのでしょう？

＊臨床心理士は「臨床心理士倫理綱領」第3条で、臨床業務従事中に知り得た事項に関しては、専門家としての判断のもとに必要と認めた以外の内容を他に漏らしてはならない、とあります。

＊教職員も「地方公務員法」第34条に、職員は職務上知りえた秘密については、それが個人的な秘密、公的な秘密を問わず、在職中はもちろん、退職後もこれを漏らしてはならない、と定められています。

＊スクールカウンセラーも教職員もこれらの約束事に縛られていては、お互いに児童生徒についての話をしてはいけないことになってしまいます。この問題について、各県教委の指針では「学校における相談内容については、全教職員の協力のもとに児童生徒や保護者の悩み等の解決にあたる上で、スクールカウンセラーを含む教職員が部外秘として守秘義務を有するものとして理解する」としています。校内の教職員が秘密を共有する場合には校外へ出さないことを「**集団守秘義務**」といいます。秘密の共有については、相談者本人に了解を得ておくことが望ましいですが、自傷他傷などの緊急性が高い場合にはその限りではありません。その判断もスクールカウンセラーに委ねられますが、常日頃より相談できる関係職員がいるとよいでしょう。また、緊急時には管理職への報告を忘れないようにしましょう。

第4節　学校臨床における見立て

(a) スクールカウンセラーの見立て

　学校内の相談室は、人が出入りしたり、チャイムが鳴るので、心理テスト（知能テストや投影法のテスト）を実施する環境としては適さない。児童生徒の見立てに心理テストの結果が必要な場合は、病院や外部の相談室などでテストを取ってもらうよう保護者に依頼する場合が多い。学校で実施するときは、本人・保護者の同意と学校長の許可が必要である。したがって、児童生徒の見立ては対話による言語情報と遊びなどを通した非言語情報、観察などから組み立てていく。

　児童生徒が保護者同伴であったり、担任や養護教諭に勧められて来談する場合は、事前の情報があれば聞いておいた方が見立てに役立つことが多い。まず、SCは和やかな雰囲気で、児童生徒が話しやすい漫画やゲームなどの話題を選び、ラポールを作りながら話を聴いていく。最初はクライエントの主訴から遠いと思われる話から進め、徐々に核心に近づくが、侵襲的にならないよう気をつける。また、SCは児童生徒の話の内容にばかり気を取られずに、話している児童生徒の内在された能力、発達の速度、心身の状態、性格の特性、背景にある環境などを五感で感じ取りながら注意深く聴く。また、発達障がいを疑われる場合も、知能テストを実施することは困難なので、遊びを通じて彼らの能力の偏りを見極める（「発達障害」については第12章を参照）。たとえば、トランプ遊びで短期の記憶力や、人生ゲームでその子どもなりのこだわりや、折り紙で手先の器用さなどを理解することができる。

　もちろんSCは診断はできないが、おおよその見当を付け、教職員や保護者にわかりやすい言葉で見立てを伝える。そして、関係者が集まって「教育相談会議」などでSCと教員による校内のネットワークでの見立てをする。

(b) 校内のネットワークによる見立て

　児童生徒と日常生活の大半をともにしている担任は、情報源である。そして、基本的に教員は「人に教えること」「人を援助すること」の専門家である。集団守秘義務を鉄則として、SCと教職員が支援対象の児童生徒の生活（家庭）環境や集団（学級）の中での様子を共有し、そこにSCが個人面接や観察から

```
┌─────────────────┐
│ 問題を抱えた児童生徒 │
│ ↓  出会い・理解  ↑ │
│  スクールカウンセラー  │
└─────────────────┘
        ↓
┌──────────────────┐
│ スクールカウンセラーによる見立て │
└──────────────────┘
            ↓
```

集団守秘義務に基づく 必要な情報の収集	スクールカウンセラーの観点
・学級担任や教科担任から 　　出欠席（登校状況） 　　クラスでの様子（集団適応力） 　　学習態度や成績（集中力・知能） ・養護教諭から 　　保健室の利用度（身体の状態） ・友達などから（対人関係） ・保護者から 　　生育歴（心身の発達） 　　家族歴（家族間の力動） ・前学校からの申し送りから 　（問題行動など） ・医療や教育支援センターなどの 　外部機関から（病歴など）	1. 知能レベル　2. 発達の偏り 3. 精神年齢　　4. 身体の状態 5. 性格　　　　6. 病態水準 7. 思春期の特徴　8. 環境要因 **個別面接からの情報** 本人の非言語・言語情報から 1. ラポール作り 　・趣味や好きなこと（テレビ番組 　　・ゲーム・音楽・タレント） 2. 学校での様子 　・クラス、部活動、先生、勉強の 　　こと 3. 友達のこと 4. 家庭のこと 　・兄弟、両親、親戚など 5. 本人の困っていること 6. 通院歴、服薬歴など

↓

校内のネットワークで見立てる

1. 発達障がい	2. 葛藤型タイプ	3. 巻き込み型タイプ	4. 疾患タイプ	5. 環境支援タイプ
学習面の困難、不登校、対人関係のトラブル、社会性の困難	頑張りすぎ、不登校、エネルギー枯渇	他人に迷惑をかける、対人トラブル、自傷・他傷	自律神経失調症、うつ病、統合失調症、不登校、暴力	虐待、経済的困難

↓

支援体制と方法を協議する→「支援チーム」の結成

1. 特別支援教育ソーシャルスキル訓練	2. 無理をさせない休ませるなどの対応	3. チームで対応役割分担を決める	4. 保護者の協力を得て医療機関へつなげる	5. 行政・福祉へつなぐ、地域の援助

↓

本人や保護者への具体的な支援

本人の目標の設定　　　成長　　　問題の軽減、解決
実行と修正　　　───→

（タイプ分けは、カーンバーグの「病態水準の理論」を参考にした）

図 7-2　学校臨床における見立てと支援の流れ

得た心理行動面の特徴の情報提供をすることで、校内チームによる「ネットワークの見立て・心理診断[6]」を協働で行うのである。協議が充分に行われた結果、支援方針が決定され、学校内の援助者（担任・学年主任、SCなど）や学校外の資源、保護者などの「支援チーム」による具体的な対応や介入がなされる。これが「教育相談会議」の具体的内容である。

図7-2に一連の見立てから支援の流れを図式化したものを示す。

第5節　今後の展望（スクールソーシャルワーカー）

上記のようなスクールカウンセラーの実践活動が学校コミュニティに定着し、社会的にも認められるようになった。しかし、児童生徒の問題行動は減少することなく増えつづけている。その問題行動の背景には個人の心理的・生理的要因と学校や家庭・地域などの環境要因が複雑に絡み合っていると考えられる。そこで、さらに重点的に社会システムへ働きかけ、司法や福祉関係などと連携を図る社会福祉の専門家の必要性が高まった。

2008年度より、文部科学省児童生徒課は14の指定地域で「スクールソーシャルワーカー活用事業」を実施（予算15億円）し、活用方法などについて調査研究を行い、その成果を全国に普及することとした。

スクールソーシャルワーカーの職務内容は以下の通りである。

「教育と福祉の両面に関して、専門的な知識・技術を有するとともに、過去に教育や福祉の分野において、活動経験の実績などがある者
　(1) 問題を抱える児童生徒が置かれた環境への働きかけ
　(2) 関係機関等とのネットワークの構築、連携・調整
　(3) 学校内におけるチーム体制の構築、支援
　(4) 保護者、教職員等に対する支援・相談・情報提供
　(5) 教職員等への研修活動　など[7]」

スクールカウンセラーの職務内容と重複する点も多いが、スクールカウンセラーが個人の特性や集団の中の対人関係に着目して見立て、支援体制を整えることを得意とするならば、スクールソーシャルワーカーは児童生徒の置かれている環境に着目して警察や児童相談所などの行政機関とのネットワークを活用しながら働きかけることを得意とする人材、といえるだろう。

今後、児童生徒を取り巻く環境の変化はますます拍車がかかるであろう。その環境に働きかけるスクールソーシャルワーカーとさまざまなサインを出しながら問題行動化する児童生徒へ働きかけるスクールカウンセラーとの協働が期待されている。

【引用・参考文献】
（1）日本臨床心理士会　http:// www. jsccp. jp
（2）佐藤進監修『心の専門家が出会う法律──臨床実践のために』誠信書房（2003）
（3）Winnicott, D.W., *The Maturational Process and the Facilitating Environment*, Hogarth Press, 1965.［牛島定信訳『情緒発達の精神分析理論──自我の芽ばえと母なるもの』〈現代精神分析双書　第Ⅱ期第2巻〉岩崎学術出版社（1977）］
（4）菅野泰蔵「コンサルテーションとしての教育相談」『心理臨床 Vol.7, No.3, Sep. 1994』（1994）
（5）千葉スクールカウンセラー研修会、緊急支援研究会、マニュアル作成スタッフ「スクールカウンセラーのための緊急支援マニュアル」（2005）
（6）田嶌誠一「学校不適応への心理療法的接近」、岡田康伸・鑪幹八郎・鶴光代（編集委員）『心理療法の展開』〈臨床心理学大系　第18巻〉金子書房（2000）
（7）岡本泰弘『「スクールソーシャルワーカー活用事業」について』「月刊生徒指導 2008年6月号」（2008）
　・神田橋條治、追補『精神科診断面接のコツ』岩崎学術出版社（1994）
　・伊藤美奈子、平野直已編『「学校臨床心理学・入門」──スクールカウンセラーによる実践の知恵』有斐閣アルマ（2003）
　・Kernberg, O., *Object Relations Theory and Clinical Psychoanalysis*, Jason Aronson Inc. 1976.［前田重治訳『対象関係論とその臨床』岩崎学術出版（1983）］

第 8 章
病 院 臨 床

　心理臨床活動において「病院臨床」という場合、かつては単科の精神科病院や総合病院の精神科病棟など、精神科領域における治療実践というイメージが強かった。しかし、近年では総合病院の内科や小児科、産科などでも心の専門家が心理療法や心のケアを実践していることが増えてきている。身体の病気だけを治療すればいいということではなく、その病気や疾患を抱えた人間が呈する心の問題や課題も含めてケアし、全人的な癒しに向かう展開は大変望ましいことである。また、病院では医師や看護師をはじめ、ケースワーカーや作業療法士、薬剤師や栄養士など多くの専門職者が協力して働いている。彼らも臨床心理学の理論や方法論を自らの専門活動に活かしているはずであるが、この章ではそのコ・メディカルスタッフの一員である臨床心理士が行っている臨床活動について、精神科領域における実践活動を中心に述べ、総合病院における心理臨床についても触れる。

　なお、病院臨床で活用されている「心理検査」については第9章第4節を参照いただきたい。

第1節　個人心理療法

　個人心理療法とは、文字通り、治療者と患者が面接室で一対一の対面法により治療的・援助的対話を行う心理療法のことである。入院患者の場合には、主治医から依頼されることが多いが、時には患者本人が直接、臨床心理士に依頼する場合もある。もちろんその場合も主治医の了解を得る手続きが必要である。

　個人心理療法を開始するにあたって、患者と臨床心理士との間で約束事を決めておく。これは面接場所、曜日、時間などを決めるもので治療構造といわれるものである。静かで、落ち着いた雰囲気の部屋を使い、一般的には1週間に

Ⅱ部　実践編

1回、40〜50分の面接を行う。治療技法は患者の病態レベルや自我強度に応じて適切なものが選択される。来談者中心療法、精神分析的心理療法、認知行動療法、自律訓練法、イメージ療法、箱庭療法など多数あるが、実際には治療を引き受ける臨床心理士が得意とする技法、二つか三つの中から選ばれ実施されている。

以下に、統合失調症者とうつ病者への個人心理療法について述べる。

第2節　統合失調症者への心理療法

統合失調症（精神分裂病）者はDSM-Ⅳの診断基準によると下記の特徴的症状を呈するといわれている。(1)

・妄想
・幻覚
・解体した会話（例：頻繁な脱線または滅裂）
・ひどく解体した、または緊張病性の行動
・陰性症状、すなわち感情の平板化、思考の貧困、または意欲の欠如

この精神疾患の治療経過は長期にわたることが多い。したがって、病状改善のためには薬物療法や心理療法(注)だけにとどまらず、精神科デイケアやグループホームなどの生活支援プログラムや社会福祉資源の活用など、多面的な治療と支援が必要とされる。(2)

発病初期や病状悪化時の不穏や混乱が薬物療法等によって鎮静し、患者が話し合いのできる状態まで落ち着きを取り戻したころ、本格的な心理療法を開始するケースが多い。ここでは辻悟の創始した治療精神医学の圧倒体験モデルに基づき、辻の論文(3)〜(8)を引用し、統合失調症者への心理療法を述べる。

（a）体験の異質化と脱落意識の原理

統合失調症者へ心理療法を行ううえで、治療者やカウンセラーが認識しておくべき重要点の一つめとして、体験の異質化があげられる。人間は自分に起こってほしくない出来事を現実に体験したとき、悲しみや辛さを感じながらもその事態の意味を考え、それと同化し、自己の成長へとつなげていく思考や行

注：ここでは「心理療法」を「精神療法」や「カウンセリング」と区別せず、同義に用いる。

動を取ることができる。しかし、その体験が自分の許容量を超えそうに感じると、それが通常であれば困るので異常と感じて取り除きを図る。しかしその段階で収まらずに程度が許容限界を超えて体験させられると、通常の人間にはあり得ないことが自分に生じていると感じとらされる。それが持続すると生じている結果が証しとなって、自分は普通の人間ではないからこのような体験をさせられると感じ取らされることになる。主体自身の本質的異質化、つまり普通の人間であり得ることからの決定的脱落として体験されてしまうのである。それを精神面で体験させられると、自分が精神異常になっているように感じ取らされる。治療者が認識しておくべき重要点の二つめはこの脱落意識の原理である。

心理療法は、まず統合失調症者がこの意識に落ち込むことを防ぎ、この意識から脱却できるように関わっていくことが重要である。

(b) **主体性後退の原理**

人間はそれぞれの年齢に応じて発達課題が生じ、人生の節目節目において重要な選択や判断を要求される。たとえば青年期においては両親からの情緒的独立、同性や異性の友人たちとの成熟した人間関係、壮年期においては配偶者の選択、社会集団への適応など、困難な課題の達成をつぎつぎと要求されていくのである。このような課題に直面させられたとき人間は自分を頼りにして物事を押し進めていく、つまり主体性を発揮して行動していくものである。しかし、何らかの弱点を抱えていた場合、それらの課題が重荷で手に余るものとして体験させられ、自分を頼りにして事にあたることができなくなる。これは主体性の後退である。統合失調症者はまさにこの状態に陥っている者が多数おり、**表8-1** に示した主体性が後退した場合に生じる諸法則に該当する言動を頻繁に示す。治療者は、人間全般にも当てはまるこれらの法則をよく知っておくと、患者の問題点の見立てや把握に役立てることができる。

(c) **治療成立の三つの基本原則**

体験の異質化と脱落意識の原理および主体性後退の原理、この二つの原理の支配からの脱却を可能にする、治療的な関わりの三つの原則を述べる。

(1) 第一の原則

対象の体験を理解し（対象の体験に対象が人間であることの証しをみて）それを対象に伝達する。

表 8-1　主体性が後退した場合に生じる諸法則　（辻、1985, 2008 をもとに作成）

1. 量的変化が体験構造を変化させ質的差異を感知させる 　［脱落意識の原理を導き出している：精神的な困難が医師や薬などを頼りに対処できる、通常あり得る程度であると、正常範囲の量的差異（ノイローゼ）と体験されるのに対して、程度が超えると質が変わって普通の人間にはあり得ない異常（＝精神病）と感じ取らされる］
2. 広がり保持の困難 　・手に余る領域の切り捨て［都合の悪いことは知らなかったことにする］
3. 時間的連続性維持の困難 　① 現在時点への収縮［現在を過去・未来とつなげて考えられない］ 　② 現在的瞬間の絶対化［今こそすべてと考える］ 　③ 思考保持の困難［考えがコロコロと変わる］ 　④ 行動の放棄，または判断に対する行動ないし運動の優先 　　［やる前からあきらめる，じっとしておれずに動いてしまう］
4. 論理・検討・判断の後退と受動的な実在体験（感覚・印象・情動・気分・調子）の支配 　・論理性自己保持の困難 　　［第六感でピンときたから絶対正しいと思い込む］ 　・結論のない時間の自己保持の困難［あいまいな状態に耐えられない］
5. 事実性への傾斜―先行体験の支配傾向と、結果と起源の逆転 　［過去にしばられる］［はじめから失敗する運命だったと思い込む］［脱落意識］
6. 抽象的把握の後退と具象的把握への傾斜 　［心の内の出来事を身体の症状として体験する］
7. 外在枠への寄りかかり 　［うまくいっている状況や対象に一体感をもつことで安心する］
8. 自己投企の困難 　① 計り難さに対する対応不能 　　［必要なことでも成功の保証がなければ冒険できず、動けない］ 　②「見直し」思考の困難　［第一印象をいつまでも修正できない］ 　③ 決断の後退　［思考が堂々巡りになり、結論を出すことができない］ 　④ 選択（＝他の可能性の喪失）の自己決定の困難 　　［自分の選択に自信がもてず，後悔をおそれ決定できない］ 　⑤ 相対化の困難 　　［状況によっては見方や意義が変化することがわからない］ 　⑥ 複相的な把握の困難―複合の困難 　　［愛のムチ、育てるための厳しさが理解できない］ 　⑦ 相互性の困難［お互いさま、譲り合いができない］ 　⑧ 自己受容の困難［自分が選んだ行動や判断への責任を取れない］

注：［　］内は筆者が示した一つの理解例あるいは説明であり、原典にはない。

心理療法はまず患者の話や訴えを傾聴し、受容し、共感的に理解することから始まる。これらの治療接近についての重要性はどの立場の心理療法においても強調されていることであるが、治療精神医学では次のように意味付けることができる。患者の病的体験に対する治療者の共感的理解が伝えられると、人間にはあり得ない、わかるはずがないと思い込んでいた体験が、人間にわかる体験、つまり人間に生じ得る体験に逆転する。それは患者の人間からの脱落意識を逆転させ、人間への連続性を回復させる関わりとなるのである。

（2）第二の原則

　つけるべき見分けをつけることへの働きかけ。

　治療者は表8-1に示した、主体性が後退した場合に生じる諸法則に患者が取り込まれることをできるだけくいとめ、その傾向を認知させ、脱却可能性へ働きかけることが重要である。治療者の関わりによって患者は自分の体験の受けとめかたの見直し、検討姿勢の大切さに気づき、そのような姿勢を身につけようとする可能性が高くなってくる。それはそのまま主体性の定着にもつながっていくのである。先に上げた統合失調症の主な症状である幻聴と妄想に対する実践的な治療接近について述べる。

　① 幻聴体験に対する定則的接近

　第一段階：声が「聞こえた」と言ってよいための三つの条件──　(a)声を感じとる、(b)発言の相手が実際に存在する、(c)そばの者にも聴こえている──、これらを提示し、幻聴の場合にはどうであるかを検討させる。(a)の条件しかそろっていないのに「聞こえた」と言っている誤りを明確にし、「聞こえた感じがした」「聞こえたような気がした」というべきではないかと働きかける。

　第二段階：幻聴が手に余る領域の切り捨てによるものであることを説明し、その自己所属性を回復させる。当人が聞こえてきたと体験している内容が、自分の思い、着想としての自分の中に先んじて生じているということに、当人が気づくことへの働きかけである。たとえば、自分のことを悪くいう幻聴は外部から入ってきたものではなく、自分自身を無価値な人間だと感じている自分の心の内から出てきている考えではないのかと検討に導いていく。

　第三段階：着想は当人の心の内に生じているのに対して、聞こえるという体験の音は実際の外界にあるはずである。自分の内という世界と実際の外界とい

う世界とはまったく別の世界であること、したがって幻聴はその両者の区別をないがしろにして自分のホーム（内側）にあるものをアウェイ（あちら側、外側）においていること、それは重大な誤りに属するということに当人が気づいていない、ということに対する働きかけである。自我境界の確立をねらったアプローチである。

定則的接近の三つの段階は、いずれもどう訂正すれば正常であるかを示した誤りの指摘で、これで病者の体験が通常の人間にありうる範囲のものになる。

② 妄想への定則的接近

妄想とは主体が圧倒されることによって、危惧が動かし難く絶対化したものだということができる。したがって治療者は、確実な根拠がないことなのに「絶対にそうだ」と独り決めをしている患者の態度を指摘し、相対的に把握する必要性を提示し、その方向へ働きかけていく。そして同時にその危惧の背後にあるおびえにも共感し、それに取り込まれた人間的根拠を明確にしていくことも重要である。

（3）第三の原則

自分を頼りに、するべきことをすることを、孤立させない。

第一、第二の原則に沿った働きかけが進行すればするほど、次第に患者の主体的な決断の課題が浮上してくる。検討によって導かれた判断に基づき、これまで自分が拠り所としていたものを手放し、新しい拠り所をみつける必要も出てくる。たとえ絶対にそれが大丈夫だという保証がなくても、少なくとも現時点ではそれが最善の選択であると自分を頼りにし、信じる。そしてその判断に自分自身を投げかけ、自分がつぶれることなくそれを実行し、人間としての証を見出すことができたという現実を患者が手に入れていくことが治療の最終目標である。たとえば、絶対に事故に遭わないという保証はなくても、必要ならば車を運転して郊外のスーパーマーケットまで買い物に出かけるという行動を人びとは日常的に実行している。このように計り難さの中で、普通の人間として必要な行動を決心し、実行し、生きていくという患者の主体性がかもし出されるように治療者が関わるのである。自分を頼るしかない決断をするとき、人間は孤独である。関わる者は対象に決断させることはできない。しかし、するべきことをしている自分は人間らしく生きているのだ、と対象が知ることがで

きるよう、関わる者が関係をもち、支えていくことが重要である。

第3節　うつ病者への心理療法

うつ病者はDSM‐Ⅳ-TRの大うつ病エピソードの基準によると下記の症状を呈するといわれている(9)。

①ほぼ1日中ゆううつである。（自分で悲しい、空しいと述べるか、泣いているなど、周りの人が見てゆううつそう）
②ほぼ1日中、何に対しても興味がない、楽しくない。（そのように述べるか、周りの人が見てもそのように見える）
③ほぼ毎日食欲がないか、あるいはありすぎる。あるいは、ひどく痩せるか、体重が増えた。（目安は1カ月で5％の体重変化）
④ほぼ毎日、不眠。または眠りすぎ。
⑤ほぼ毎日、周りの人から見て、いらついていたり、動きが鈍い。
⑥ほぼ毎日、疲れやすかったり、気力がひどくない。
⑦ほぼ毎日、自分は価値がないと思っていたり、ひどく罪の意識をもっている。
⑧ほぼ毎日、考えが進まず、集中力がないか、物事を決めるということが困難。
⑨自殺を考えたり計画したりする。
＊　以上の内、五つ以上が2週間以上続いている（五つの内一つは①、②のどちらか）。
＊＊　以上のために、極端に苦しんでいるか、仕事、学業、家事などの活動ができにくくなっている必要がある。
＊＊＊　近親者との死別や内分泌疾患などの身体要因、薬物による場合などの除外項目も設けられている。

ここでは、辻(10)(11)と平井孝男の論文(12)を引用し、うつ病者への心理療法を述べる。
うつ病の症状は前述のように精神面だけでなく身体面にも現れる。そして、うつ病になりやすい性格としては、勤勉、強い責任感、几帳面、融通がきかない、徹底癖、強い正義感、社交的、同調的などがあげられている。これらの性格特性から導き出されるキーワードとして、変化への対応があげられる。秩序や安定だけを頼りにしていると、何か変化が起こったときに適切な対応ができ

なくなるおそれがある。したがって、変化をもたらすものはすべてうつ病の誘因になるといえる。たとえば、男性でいえば転勤、昇進、退職など仕事関係の変化、女性でいえば結婚、出産、子どもの独立など家庭に関する変化は誘因になりやすい。それは変化によってそれまでの状況・環境あるいは重要な対象を失い、自分自身まで喪失したという思いにとらわれることによると考えられる。辻はこの点を「すでに失った対象との間に失う以前から融合・合一の心情が働いており、その意味では合一している自分の喪失でもあることが理解される」と解説している。[11]

このようなうつ病の構造の中にいる患者への心理療法として以下の点にアプローチする重要性を平井が示している。[12]

（a）うつ病者への治療接近

（1）強い順調希求姿勢に気づかせる

気分がよく、順調な自分だけを強く望む心性に気づかせ、現実には調子が悪いときもあることを確認し合う。

（2）時間の分断化について気づかせる

調子が悪い自分は本当の自分ではないという姿勢、不調の自分を自己否定してしまい憂うつになっていく心性に気づかせていく。そして順調な自分も不調な自分も、両方とも本来の自分であると受けとめられるか話し合っていく。

（3）高い要求水準に気づかせる

自分の調子に関係なく常に高水準の成果を目指す、高い要求水準が普通であると考える習慣が身についている心性に気づかせていく。そして疲弊するほどがんばることでつぶれてしまうことがないように、自分への要求水準を調節することについて話し合っていく。

（4）対象との強い一体感に気づかせる

自分を取り巻く状況や自分と関係のある対象が順調な状態であることを常に望み、それらに一体感を感じ依存している状況に気づかせていく。そして状況や対象の変化が喪失につながり、自分まで失ったと感じることで憂うつになっていくことに気づかせ、自分と周りの状況との間に見分けがつけられるよう働きかけていく。

上記の治療接近を行う場合、治療者は受容的・共感的に患者の訴えを傾聴し、

たとえ誤った姿勢や行動ではあっても、それは患者がこれまで努力して生きてきた証しであることを尊重することが重要である。したがって、これらの働きかけによって、自分のすべてを否定された、批判されたと患者が受けとめることがないよう、慎重に配慮しながら進めていくことが重要である。

（b）自殺を考えているうつ病者への心理的援助

うつ病者は多くの場合自殺のリスクをもっている。辻の法則によれば、うつ病者の意識は現在時点に収縮しており、現在的瞬間が絶対化されているので、現在の苦しい抑うつ状態が一生続くと思われ、それから逃れ、楽になるためには死ぬしかないと追い込まれるのである。しかし一方で、死なないで楽になれるのなら生きていたいという思いももっている。したがって、患者を孤立させず、心を楽にさせていく関わりが必要とされる。実際、死にたい気持ちは時間とともに変化していく可能性があるため、一時的な危機的状況をなんとか乗り切って、事態を好転させる材料を一緒にみつけ、うつの構造から脱却して行くように上記の治療接近を長期的な見通しで行うことが求められる。

心理的援助のポイントを下記にまとめた。
①暗い話題を嫌がらず、死にたい気持ちをじっくりと聴く
②八方ふさがりや出口がない感じを味わっている患者の気持ちに寄り添う
③安易に励ましたり、元気づけようとしたりしない
④疲れたときは休んでいいのだと伝える
⑤急いで結論を出そうとしない
⑥時間をつないでいくように根気よく関わる
⑦次回の面談日を約束する

第4節　集団心理療法

病院臨床においては集団心理療法（group psychotherapy）も行われている。これは集団を対象として、集団のもつ機能や特徴、力動などを治療的に活用し、心理療法を行うものである。

（a）集団心理療法の目的

集団心理療法の目的はさまざまである。参加者する患者同士の交流を中心としたもの、患者個人の対人スキル向上をねらいとしたもの、病気に関する知識

を増やし洞察につなげようとするものなどがある。いずれにしても、集団を活用して患者個人の成長を促すことを目的として行われている。

（b）**集団心理療法の構造**

集団心理療法に参加する患者数は6〜12名が適当である。これに臨床心理士や看護師、ソーシャルワーカーなどスタッフが2〜3名加わる。参加メンバーの病名や年齢範囲など、個人的条件を限定して同質のグループで行うクローズド・グループやメンバーを固定せず、関心のある者には自由に参加を認めるオープン・グループなどがあり、目的を達成するために有効なやり方を選択する。実施場所は参加者が自由に動くことができる広さがあり、自由な表現がしやすいように外部からは内部の様子がわからない造りで、静かで落ち着いた雰囲気の部屋が望ましい。実施回数は1週間に1回、時間は60〜90分が一般的である。

（c）**集団心理療法の対象**

集団心理療法の対象は目的に応じて決められる。たとえば、患者同士の交流や対人スキル獲得が目的であれば、むしろ性別、年齢、診断名などが異なるメンバー構成をすると自己表現の工夫や他者理解の機会が広がる。逆に、病気や症状の理解を深め、自己洞察につなげる目的であれば、同じ診断名で、同じように治療を受けている同質のメンバー構成が望ましい。年齢や発達レベルを考えると、思春期や老年期の患者は特有の心理状態があるので、気持ちの分かち合いなどを目的としている場合には同質のメンバーを集めることが有効である。

（d）**集団心理療法の種類**

精神科医療で実施されている主要な集団精神療法を以下に紹介する。

（1）構成的エンカウンター・グループ

医療スタッフが提供した実習や演習などを集団で行ったあと、その振り返りを行いながら参加者自身が内省報告をし、メンバー間の交流と自己理解を進めていくもの。非構成的なベーシック・エンカウンター・グループとは異なり、交流や深まりのレベル、時間配分などがコントロールしやすいので、病態レベルの異なる集団でも適用しやすい。

（2）心理劇

日常的あるいは社会的場面を設定し、即興の演技を行うことで自発性やカタ

ルシスを得ようとするもの。参加したメンバーがゲームなどでウォーミングアップをし、そこから出てきた課題などを取り上げ、劇に展開していく。シナリオもセリフも決められておらず即興で行われるため、演じるメンバーの自発性や創造性が刺激される。また、日常ではできない体験を演じるため、感情が開放され、新しい視点が与えられる。

（3）社会生活技能訓練（SST）

社会生活技能訓練（Social Skills Training : SST）は生活のために必要な技術や対人的な技術、たとえば、あいさつをする、お願いする、お断りする、などの技術を向上させるためにモデリングやロールプレイなど行動療法のテクニックを使うもの。身近な生活場面を細かく設定し、そこでの適切な行動をほかのメンバーの模範演技を見て学んだり、ロールプレイで同じ行動を何度も練習したりして身につけていく技能訓練法である。グループの中にモデルがたくさんあるし、練習相手にも困らないなど、集団が有効に活用できる。

（4）断酒会

断酒会はアルコール依存症と診断され、断酒が必要である患者が集まり、酒の害や酒による失敗体験などを報告し合って、ともに断酒を継続していくことを目的とした治療グループである。自助グループとして地域で活動している会が多いが、精神科病院の治療プログラムとして施設内で行われている断酒会もある。匿名性と対等性を特徴としているAA（Alcoholics Anonymous）もアルコール依存症者の自助グループである。

第5節　総合病院での心理臨床

臨床心理士や心理カウンセラーによる心のケアは精神科の患者だけでなく、総合病院の他の診療科で治療を受けている患者にも必要性が高まっている。この節では小児科、内科、産科、それぞれの分野における心理臨床を取り上げ紹介する。

（a）小児科

身体疾患の治療からくるストレスを大人以上に強く感じる小児、あるいは心理的な問題を身体的症状で訴えることの多い小児に対して、臨床心理士はつぎのような援助を実施する。

（1）遊びを通して、情緒の安定や心の成長を促すことのできるプレイセラピーを提供する
（2）子どもにも実施可能な心理テストを行い、知的レベル、発達レベル、パーソナリティーなどを把握し、その情報をスタッフと共有することで治療の質を高める
（3）患児やその同胞を抱えた母親や養育者がもっている育児不安や生活不安に対して心理的援助を行う

(b) 内 科

心療内科のみでなく一般の内科においても、心の問題が関係してくる内科疾患患者に対して心理的ケアを提供することの重要性が認められてきている。ガン患者やその家族の心理的な側面を取り入れた臨床や研究はサイコオンコロジーと呼ばれ、近年注目されてきている。

内科における臨床心理士の援助活動を次に紹介する。

（1）ガンやエイズなど患者に抵抗やショックを引き起こす恐れのある病名や検査結果を告知する場合、その前後にカウンセリングを実施し、心理的ケアを行う
（2）心身症のような心理的問題と身体的症状が強く関連している疾患の患者に心理療法を実施する
（3）手術が決定したり、新しい薬剤の投与が決定したりするなど治療に関する不安を感じている患者に心理的援助を行う
（4）慢性疾患に関係したうつ状態や自殺念慮を早期に発見し、精神科と連携するなどの対処を行う
（5）緩和ケアを受けている患者やその家族に対して心理的援助を行う

(b) 産 科

妊娠、出産に関係する産科においても心の問題につながるさまざまな事柄がある。医療の進歩とともに遺伝子診断も可能になり、遺伝病をめぐる課題にはデリケートな心の問題がからんでくる。

産科における臨床心理士の援助活動を次に紹介する。

（1）マタニティ・ブルーに陥っている妊婦や、母親になることに不安を感じている妊婦に心理的援助を行う

(2) 不妊治療で辛い思いをしている女性や、女性としてのアイデンティティの問題を抱えている方に心理的援助を行う
(3) 遺伝病や出産前診断で悩んでいる妊婦に遺伝カウンセリングを行う
(4) 障害児が生まれた場合あるいは死産になった場合など、逃避したくなるような事態を受けとめることができるよう、心理的援助を行う

第6節　心の専門家としての役割・姿勢

　病院の現場では医師にしろ看護師にしろ、迅速な問題解決能力が求められ、問題解決が優先される場所である。たとえば、癌細胞や身体的痛みなどは、早く取り去ることが重要である。それは問題が身体的疾患という目にみえる問題であるため、そのような対処が可能である。しかし、臨床心理士が扱う心の問題はそういうわけにはいかない。心の痛みや不安は外科的手術で取り去ることは不可能である。抗不安薬が多少は助けになるかもしれないが、根本的な問題を薬が取り去ってくれるわけではない。そこで臨床心理士が登場し心理療法やカウンセリングを実施するのであるが、この場合、注意が必要である。たとえば、定期的に血液透析を受け続けなければならない辛さや将来への不安を患者が訴えたときに、この心の痛みをよくないもの、早く取り去って上げるべきものだと受けとめ、いろいろとその方策を考えている対応は問題の本質からそれていく方向を向いており、心理的援助としては望ましくない。心をもっている人間ならば当然感じる辛さであり、またそのような辛さや不安を訴えることが人間らしいことなのだと治療者が受けとめることが重要である。そして患者の辛さや心の痛みを共有し、それでも崩れることなく落ち着いてそこに存在している姿をみせることが患者を安心させ、勇気づけることになるのである。ここに心の専門家が病院の現場に存在する重要な意義がある。

第7節　医師や他職種の専門家との共同作業

　精神科の病院や医療施設においては、さまざまな専門職者が協力し合って、チームで医療を行っている。コ・メディカルスタッフである臨床心理士やカウンセラーは、その医療チームの筆頭責任者である医師と上手に連携し、共同して効果的に医療を進めていくことが重要である。その医師との共同作業におい

て臨床心理士やカウンセラーが行うべきことは、次のようにまとめられる。すなわち、心理療法やカウンセリング、あるいは人格検査等で把握された患者の特徴や状態像、現実検討力や知的レベルなどを直接、カルテに記録したり、レポートにして提出したり、あるいは口頭で報告したりして医師に伝え、活用してもらうことが重要である。医師は自分が担当している患者の病名の診断、薬物の種類や量の調整、入院患者ならば外出・外泊や退院の検討など、責任が伴ってくる重要な判断を常に迫られているため、その判断の手がかりになる患者の情報はありがたいものである。

　精神医学とは異なった臨床心理学の立場から、じっくりと患者に関わり、十分に時間をかけて行った心理アセスメントは、医師だけに限らず医療チームのほかのメンバーにも大いに役立つはずである。ケースカンファレンスや症例検討会などで積極的に情報や所見を伝え、患者の心理状態や力動的な面について解説し、ほかの専門職者たちとディスカッションすることで治療の質を高めていくことができる。したがって、医療現場で働く臨床心理士やカウンセラーは医療チームの共同作業の中で、独自性や専門性を発揮できる実力を身につけておく必要がある。

【引用・参考文献】
（1）カプラン, H. I.／サドック, B. J.（融道男・岩脇淳監訳、1996）『カプラン臨床精神医学ハンドブック　DSM-Ⅳ診断基準による診療の手引』メディカル・サイエンス・インターナショナル（1997）
（2）島薗安雄・保崎秀夫編「分裂病のリハビリテーション」『精神科MOOK No.22』金原出版（1988）
（3）辻悟「治療精神医学と精神分裂病（第73回日本精神神経学会総会シンポジウム、1977）」『精神神経学雑誌80』pp.277-282.（1978）
（4）辻悟編『治療精神医学―ケースカンファレンスと理論―』医学書院（1980）
（5）辻悟「治療精神医学への道程」治療精神医学研究所・関西カウンセリングセンター（1981）
（6）辻悟「精神療法と疾病モデル（第80回日本精神神経学会総会シンポジウム、1984）」『精神神経学雑誌87』pp.54-61.（1985）
（7）辻悟「精神療法における治療構造」、岩井寛編『実地臨床に活かす精神療法』

ライフ・サイエンス・センター、pp.62-72.（1986）
(8) 辻悟『治療精神医学の実践—こころのホームとアウェイ—』創元社（2008）
(9) 高橋三郎訳『DSM-Ⅳ-TR、精神疾患の分類と診断の手引き』医学書院 (2002)
(10) 辻悟「躁うつ病の精神療法—特に再発予防を中心に—」『臨床精神医学第2巻第1号』pp.77-84.（1973）
(11) 辻悟、前掲書（8）
(12) 平井孝男『心の病の治療ポイント—事例を通した理解—』創元社（1989）
(13) 渡久山朝裕「精神分裂病、人格検査、医師との共同作業」、小山望・河村茂雄編『人間関係に活かすカウンセリング』福村出版、pp.158-166.（2001）
(14) 山中康裕・馬場禮子編「心理臨床の実際」第4巻『病院の心理臨床』金子書房（1998）

第9章
クリニックの臨床

第1節 はじめに

(a) 医療領域で働く臨床心理士の実際

　医療領域では、どのくらいの人数の臨床心理士が勤務しているのであろうか。日本臨床心理士会が2007年に行った「第5回臨床心理士の動向ならびに意識調査」によると、2007年7月1日の時点で日本臨床心理士会に入会していた臨床心理士14,661人のうち、回答のあった10,157人の中で勤務者数が最も多かった領域は、教育領域の5,090人、次いで、保健・医療領域の4,615人であった。ただし機関の種別では、病院・クリニック（診療所）の3,670人が、スクールカウンセラーの2,745人を上回っている。ちなみに、病院・クリニックに勤務する臨床心理士の平均勤務機関数は1.2カ所、平均勤務日数は一週あたり3.2日であった。

　この調査結果からもわかるように、病院・クリニックに勤務する臨床心理士が一番多いということになるが、その実態はあまり知られていないように思われる。病院とクリニックでは、臨床心理士に求められる役割に違いもあるだろう。また、一口にクリニックといっても千差万別、その形態と機能もまるで違うため、クリニック単位で臨床心理士に求められる役割が違ってくることは、容易に想像できる。

　病院臨床については第8章を参照願いたい。ここでの役割は、クリニックの臨床の実際、そこでの臨床心理士の役割について述べることだが、一般論を述べられるほど臨床経験が豊富なわけではなく、筆者の10年を少し超えるだけの経験を中心に述べていくことになる。経験浅い筆者の実体験ではあるが、これから臨床心理士やクリニックでの臨床を志す人たちの参考になれば幸いである。

(b) 精神科クリニックとは

　本書においては、病院臨床とクリニックの臨床を別の章で扱っている。それでは、病院とクリニックの違いは何であろうか。

　病院は、入院ベッドが20床以上。入院医療が主体だが、クリニックのような機能をもつ小さな病院から、救急医療や専門医療、高度医療などを専門とする大病院までその規模はさまざまである。一方クリニックは、入院設備がない、あるいは入院ベッドが19床以下のところをいう。外来医療中心で、クリニックで治療可能か、あるいは病院での入院医療が必要かを判断する。精神科の場合は、クリニックのほとんどは無床で入院施設を備えていない。

　病院とクリニックの一般的な違いとしては、病院の方が、病気が重い人の受診割合が多いということがあげられるだろう。特に精神科の単科病院だと、気軽に受診するにはハードルが高いと感じる人が多いかもしれない。その点、クリニックのほうが、気軽に行ってみようという気持ちになりやすいのではないだろうか。

　次に、精神科と心療内科の違いとは何であろうか。精神科は、精神医学の臨床科であり、精神障害を診察する。一方、心療内科は、心身相関の病理である心身症（こころが大きく作用するからだの病気）を中心にした疾患の診療を行う。心療内科医である河野が、「しばしば混同されていますが、心療内科と精神科はまったく別物です。しかし現実としては心療内科には軽症の精神障害者が受診しており、本来の心身症である糖尿病などの患者はほとんど受診しません」[1]と述べているように、一般的には、精神に変調をもたらす多くの病気（精神疾患）を扱うのが精神科、精神疾患の中で比較的軽症の病気を扱うのが心療内科といったイメージがあるのではないかと思う。

　筆者が勤務するクリニックのように、精神科・心療内科を標榜しているが、実際は同じ精神科医が治療を行っているクリニックは多いであろう。心療内科を標榜することで受診しやすくなるというメリットもあるが、もちろん、心療内科的なアプローチが必要な患者さんにも十分な対応を行っていることはいうまでもない。

(c) 勤務する精神科クリニックについて

　筆者の勤務する精神科クリニックは、東京都F市にある。歴史ある神社があ

り、古くからの住民も多いが、最近は駅前の再開発により高層マンションも建ち、新しい住民も増えている街である。

　その街に市内3軒めの精神科クリニックとして1998年2月に開院したのが、筆者の勤務するクリニックである。それ以降、精神科クリニックは増えつづけ、現在では市内に6軒の精神科・心療内科クリニックが存在する。しかし、患者さんの数は一向に減少する気配はない。

　筆者はクリニック開業と同じ1998年の春に博士前期課程を修了し、縁あって、開業時からスタッフとして加えていただいた。大学院の修了だけは決まっているものの、臨床経験は何もない筆者に対して、「最初は受付業務から入って下さい。だんだん心理の仕事を増やしていきましょう」と声をかけてくれた院長の言葉を今でも覚えている。常勤の院長を含め医師が2名と、全員が非常勤の受付スタッフ3名の計5名からのスタートであった。

　心理の仕事をする前に、窓口業務、レセプト業務といったさまざまなクリニックの業務に関わらせてもらえたことは、クリニックにおける臨床を理解するために貴重な経験となった。開院当初は患者さんの数も多くはなく、診察の合間に、医師からさまざまな経験談を聞かせてもらったり、勤務上で生じた疑問に丁寧に答えてもらったりしたことも、今となっては、非常にぜいたくな時間であったと感じている。

　その後、患者さんの数は急激に増え、筆者の仕事も、予診、心理検査、個人心理療法、集団心理療法と、徐々にその幅を広げていった。スタッフも充実し、現在では医師2名、臨床心理士6名、PSW2名（1名は臨床心理士が、もう1名は受付がそれぞれ資格を所有し兼務）、受付2名の計10名で業務を行っている。クリニックとしては、スタッフが充実している方なのではないかと自負している。また、心理職全員が非常勤であるが、今までだれ一人としてクリニックを辞めた者がいないのも、ひそかな自慢である。非常勤勤務で収入面では不安定ではあるが、心理職の仕事に非常に理解のある、尊敬できる医師の元で仕事ができる喜びは何物にも代えがたいと感じている。

第2節　精神科クリニックを受診する人たち

　院長ははじめ、統合失調症の人たちの社会復帰へとつながる医療機関を目指

してクリニックを立ち上げたと聞く。しかし実際には、統合失調症の人だけではなく、さまざまな人たちがクリニックを受診する。精神疾患、こころの病気のほとんどがここでみられるといっても過言ではない。ここでは、クリニックを受診する人たち関して、DSM‐Ⅳの診断基準をもとに述べていくことにする。

医療機関で働く臨床心理士としては、病気に対する精神医学的知識、特にアメリカ精神医学会のDSM‐Ⅳ、世界保健機関のICD‐10といった診断基準に関する知識は必修であろう。もちろん、臨床心理士独自の視点として、病態水準といった対象者の精神分析的理解などにも精通しておく必要がある。

（a）統合失調症

かつて統合失調症（以前は精神分裂病）と聞くと、精神科病院に長期入院しているイメージが強かった。しかし最近は、抗精神病薬の効果や社会復帰施策の普及などにより、外来治療のみで、作業所に通所したり、職に就いたりと、社会生活を送っている患者さんも多い。もちろん、入院治療が必要な患者さんに対しては、医師が近隣の病院を紹介している。

統合失調症の治療は薬物療法が中心である。臨床心理士が統合失調症の人の個人心理療法を担当することは少ないだろう。しかし、デイケアやSSTなど集団療法を実施しているクリニックでは、臨床心理士が担当することもあるだろう。そうでなくても、予診で話を聴くことは必ずあるし、心理検査を担当することももちろんあるため、クリニックに勤務する場合、統合失調症に対する精神医学的・心理学的知識と理解を深めておく必要がある。

（b）気分障害

近年、うつ病になる人が増えているという印象をもつ人は多いのではないだろうか。しかし、はたして本当にそうなのであろうか。DSM‐Ⅳにおけるうつ病の診断基準については、第8章第3節を参照のこと。

クリニックで勤務を始めたころ、医師から内因性のうつ、心因性のうつという概念を学んだ。内因性とは、ことさら理由もないのに自然に変になってしまう、と考えられる場合である。うつ病が疑われる人の予診をとる際は、内因性と心因性の違いを念頭におきながら、患者さんの話を聴いてきた。しかし近年は、DSMといった診断基準の普及により、その背景にあるものに関係なく、症状がそろえばみんなうつ病となってしまい、その結果、うつ病と診断される

人が増えたのではないだろうか。あるいは、本来「適応障害」と診断されるべき人たちまでもがうつ病と診断されていたり、患者さん自身が、自分の「うつ状態」を「うつ病」と解釈してしまっている場合もあるのではないか、日々の臨床の中で、そんな疑問を抱いてきた。

野村総一郎は著書『うつ病の真実』の中で、「あれもうつ病、これもうつ病、でよいのか？(2)」と問題提起している。また、備瀬哲弘も「D'」(3)という言葉を用いて、うつ病でない「うつ」の人たちについて述べている。

最近は、職場を休職している人の心理療法を依頼されることが多い。いわゆる内因性のうつ病であれば、休息を取り、きちんと服薬をつづけていくことで復帰を果たしていくことが可能であろう。しかし、カウンセリングで担当する人たちは、適応障害的なうつ状態であったり、回避的な性格傾向をもっていたりして、オーソドックスなうつ病への対応をしていても効果が上がらないというのが実感である。本人は「うつ病」だと思い込み、「うつのせいで仕事や家庭がうまくいかない」「まずうつ病を治してからでないと何もできない」と、自分で解決すべき問題を棚上げにしてしまう場合も多い。

そうした場合の心理療法を一言で述べることは難しい。認知行動療法（詳細は第4章を参照）も有効な心理療法の一つであるが、それぞれの人のうつの背景にあるものを見極め、対処していくことが必要になってくるであろう。

(c) **不安障害**

DSM-Ⅳには、パニック障害、社会恐怖、強迫性障害、外傷後ストレス障害、急性ストレス障害、全般性不安障害などが不安障害として記されている。

最近はパニック障害に関する情報も多く、自ら「パニック障害では？」と受診する患者さんも増えている。薬物療法が功を奏することも多いが、医師から認知行動療法や自律訓練法を依頼されるケースも増えている。

社会恐怖、強迫性障害の患者さんも、医師から心理療法をオーダーされることがある。その場合にも、認知行動療法は非常に有効な心理療法だと実感している。

(d) **人格障害**

人格障害とは、ある種の人格傾向が極端化し硬直化して非適応的になったものをいう。表9-1はDSM-Ⅳにおける人格障害の全般的診断基準を示したもの

表 9-1 DSM-Ⅳにおける人格障害の全般的診断基準（DSM-Ⅳ-TR、2002）

A. その人の属する文化から期待されるより著しく偏った、内的体験および行動の持続様式。
　この様式は、以下の領域の二つ（またはそれ以上）の領域に現れる。
　(1) 認知（すなわち、自己、他者、および出来事を知覚し解釈する仕方）
　(2) 感情性（すなわち、情動反応の範囲、強さ、不安定性、および適切さ）
　(3) 対人関係機能
　(4) 衝動の抑制
B. その持続様式は柔軟性がなく、個人的および社会的状況の幅広い範囲に広がっている。
C. その持続的様式が、臨床的に著しい苦痛、または社会的、職業的、またはほかの重要な領域における機能の障害を引き起こしている。
D. その様式は安定し、長時間続いており、その始まりは少なくとも青年期または成人期早期にまでさかのぼることができる。
E. その持続様式は、ほかの精神疾患の表れ、またはその結果ではうまく説明されない。
F. その持続様式は、物質（例：乱用薬物、投薬）または一般身体疾患（例：頭部外傷）の直接的な生理学的作用によるものではない。

表 9-2 DSM-Ⅳの人格障害の群（DSM-Ⅳ-TR、2002）

A群（奇妙で風変わりな群）	妄想性、分裂病質、分裂病型
B群（演技的、活動的で不安定な群）	反社会性、境界性、演技性、自己愛性
C群（不安におびえている群）	回避性、依存性、強迫性

である。また、人格障害は三つの群に分類される。それを示したのが、**表 9-2** である。

　精神科クリニックを受診する人格障害の患者さんは少なくない。医師から心理療法を依頼されるケースもあるが、神経症水準の場合に比べて、治療が中断したり、長期にわたるケースはやはり多い。人格障害の患者さんの理解のためには、カーンバーグ（Kernberg, O.）の人格構造論、病態水準の概念が参考になるだろう。その他、人格障害に対する心理療法の理論や技法については、経験豊かな臨床家の著書を参考にしていただきたい。

（e）発達障害

　不登校になり引きこもりがちであったり、会社の人間関係がうまくこなせず休職中といった不適応の背景に、大人になるまで診断されなかった、全体的な知能には問題のない発達障害（アスペルガー、ADHD、LDなど）が存在するケースがある。予診や心理検査はもちろん、心理療法を担当する場合もあり、

成人対象のクリニックに勤務する場合であっても、発達障害に対する知識を身につけておく必要がある。

子どもの場合と違い、大人になってから発達障害の診断がつくことにどれだけのメリットがあるのかは疑問であるが、本人や家族が「不適応状態は本人の努力不足のせいではない」と思えることで、自己評価の低下やうつ状態といった二次的障害の予防・改善のきっかけとなることもあるだろう。また、知能検査等で本人の得手不得手を確認し、得手を活かし不得手に振りまわされずに生きていくための方法をともに考えていくことは重要であると考える。

第3節　クリニックでの臨床心理士の仕事（1）―予診―

精神科クリニックにおける臨床心理士の仕事としては、予診、心理検査、心理療法が三本柱としてあげられるのではないかと思う。ここから三節にわたって、それぞれについてくわしく述べていく。

（a）予診とは

患者さんが初めてクリニックを受診した際、医師の初診に先立って行われるのが予診である。筆者の勤務するクリニックでは、予診は臨床心理士の重要な仕事の一つである。カルテの予診記入欄には、主訴、経過、生活歴、家族歴、現病歴、性格などの項目が印刷されており、予診を通して得た情報をそこに記入していく。医師は、予診欄に目を通してから診察を行う。

笠原は、「全体のゲシュタルトを描くことこそ予診の仕事」[4]と述べている。よくとれた予診からは、患者さんの状態がよくわかるであろう。それが医師の診察の助けになることはいうまでもない。また予診をとることは、臨床心理士のアセスメントの力を養うためにも大いに役立つ。臨床経験に比例して、予診のとり方が上達していくよう心がけたいと日々感じている。

（b）予診を取る際のポイント

筆者の勤務するクリニックでは、予診は大体1時間で話を聴きまとめるようにスケジュールが組まれている。そうした時間的制約のある中、患者さんのもつ細部へのこだわりに引きずられて、実際はそれほど重要でない部分だけに関わり、全体を描ききれなくなることを避けるためにも、これは予診であって診察は後で行われること、予診では「大体のところ」を話してほしいことを、冒

頭に、また途中でも随時告げることが必要であろう。

また、笠原は、「家人はえてして心因論者である。家人や病人がオーバーな心因論的解釈をしがちなことをあらかじめ知っておき、いちいち目くじらを立てないで、そのまま某氏いわく「…」式に記述する[(4)]」ことが必要とも述べている。それに加え、経験の少ない予診者も、つい心因論的解釈を頭に描きがちであることを付け加えておきたい。それを防ぐためにも、精神医学的病因論（内因、気質因、心因）に関する知識を身につけておくことが必要である。

最後に、予診を通して得られた情報をカルテの予診記入欄に記入することになるが、その際には、できるだけ具体的に、患者さんの声をそのまま、専門用語に置き換えないで記入することが重要であろう。

第4節　クリニックでの臨床心理士の仕事（2）―心理検査―

（a）心理査定とは

心理査定について、馬場は、「心理臨床の対象となる人びとについて、その抱えている問題の内容は何か、その問題には身体的要因、生活史とそれにともなう環境要因、本人の生き方や性格的要因などがどのように組み合わさっているのか、それによって本人の内的世界および対外的態度はどのように形成されているか、などについて推定し、その問題とされるものの性質や程度（どれほど、どのように健全さが保たれているかも含む）を明らかにし、解決のための方針を提示することと定義したい[(5)]」と述べている。

精神科クリニックでは、医師が診断を行うため、臨床心理士にはその補助材料として、心理査定の中の特に心理検査を求められることが多い。筆者の勤務するクリニックでは、投影法のロールシャッハテスト、SCT、描画テスト、質問紙法のエゴグラム、そして知能検査（ウェクスラー式）などが使われている。

（b）投影法

ロールシャッハテストは、スイスの精神科医ロールシャッハ（Rorschach, H.）によって作られた、投影法による代表的な心理検査である。左右がほぼ対称なインクのしみの図版10枚からなる。これらの図版を一定の順序で被検者にみせ、それが何に見えるかを問い、次に、図版のどこに見えたのか、どうして見えたのかを尋ねていく。信頼性や妥当性などに問題があるという意見もあ

るが、臨床的にきわめて有用なテストであり、診断と治療に有効な知見（パーソナリティや対人関係の問題、病態水準など）が得られることが多い。テストに習熟するには相当期間のトレーニングが必要であるが、心理臨床を志す人には、ぜひ身につけてもらいたいテストである。

　SCTは、未完成の文章を刺激として示し、連想される内容を書き加えて、文章を完成させる検査である。刺激の内容は、心理的・環境的状況をできる限り広く把握しようと意図しており、性格傾向、他人や社会への態度、成育史的条件、現在の問題や将来の目標などに触れる刺激文を用いている。わが国では精研式、教研式などがある。ロールシャッハテストとテストバッテリーを組んで、鑑別診断の際の資料として用いられたり、心理療法導入前に、患者さんの状況を広く把握するために、SCTを単独で実施することも多い。

　描画テストは、絵を描いてもらい、その作品を媒体にして内界を推測する方法である。テストバッテリーの一つとして実施することが多いが、心理療法的に用いることができるのも、描画の特徴である。描画テストには、バウムテスト、人物画テスト、風景構成法、S‐HTPなどさまざまな種類がある。筆者はS‐HTPを用いることが多いが、ほかの心理士は風景構成法を用いている。心理臨床を志す人には、どれか一つ（もちろんそれ以上でも）に習熟しておいてもらいたいテストである。

（c）質問紙法

　エゴグラムは、バーン（Berne, E.）の交流分析理論に基づいて開発された性格検査である。検査結果は、個人のもつ五つの自我状態（CP、NP、A、FC、AC）の強弱が、グラフによって表される。日本では東大式エゴグラム（TEG Ⅲ）などが用いられている。検査の実施が容易であり、検査結果が視覚的にわかりやすく示されるため、結果をフィードバックしやすいといった利点がある。単独で用いて、患者さんの自己理解を助ける役割で用いられることも多い。

　その他、筆者の勤務するクリニックでは、SES‐D、CMI健康調査表、STAIといった質問紙も使用されている。

　また、高齢化社会の今日、クリニックを訪れる高齢の患者さんも多い。予診でそうした人の話を聴く場合、認知症なのか老年期のうつ病なのか判断に迷う場合もある。もちろん診断は医師が行うのだが、予診時に改定長谷川式簡易知

能評価スケール（HDS‐R）など、認知症のスクリーニングテストを実施しておくと、初診の助けになるだろう。

（d）知能検査

ウェクスラー式知能検査は、最初の知能検査であるビネー式とともに、最も代表的かつ心理臨床に広く用いられている知能検査である。筆者の勤務するクリニックは主に成人を対象としているため、WAIS‐Rが使用されている（WAIS‐Rは日本では2006年に改訂され、現在はWAIS‐Ⅲが発刊されている）。

知能検査は、不適応の背景に知的問題が疑われる場合にオーダーされることが多い。また最近は、全体的な知的レベルには問題のない発達障害（アスペルガーやADHD、LD）が疑われる患者さんも多く、その際にも知能検査は大きな力を発揮している。

（e）テストバッテリーの組み方

馬場は、「各種心理検査はそれぞれが、いわば心的な様相を異なる側面で切った断面図のようなものであるから、いくつかの断面図を組み合わせることによって、より立体的な把握が可能になる」と、テストバッテリーを組むことの重要性について述べている。テストバッテリーを組む際に参考になるのが、**表9-3、図9-1** である。

筆者の勤務するクリニックでは、医師の判断でロールシャッハテスト、SCT、質問紙検査が複数、あるいは単独でオーダーされる。単独でオーダーされた場合でも、臨床心理士の側でテストバッテリーを組むことが必要と思われる場合には、医師にその旨提案をして、ロールシャッハテストにSCTや描画法を組み合わせたり、質問紙法を組み合わせたりして実施している。

（f）所見のまとめと報告

所見は、心理検査の依頼者である医師に提出するが、これはカルテに挿入され、ほかのスタッフの目にも触れることになる。また、医師から患者さん本人やその家族に伝えられることもある。その点を考慮して記述するには、だれにでもわかる言葉で、特殊な専門用語を使わずに記述することが重要であろう。

また所見は、臨床心理士から直接本人に伝えることも多い。所見を伝えることが、患者さんの自己理解を促し、治療へと動機づけるよい機会にもなる一方で、伝え方によっては本人を傷つけることにもなる。何をどのように伝えるこ

表 9-3 諸検査の条件（山中・馬場、1998）

検査法	〈目的〉	〈刺激〉	〈場面〉	〈被検者の意識的操作〉
質問紙法	明瞭	具体的	単独、自主的	可能
SCT	ほぼ明瞭	具体的	単独、自主的	表面的可能
TAT	不明	具象的	テスターとの対人場面	表面的可能
ロールシャッハ	不明	非具象的	テスターとの対人場面	困難

検査法	投映水準
質問紙法	対社会的態度
SCT	
TAT	精神内界
ロールシャッハ	
精神内界	表層 → 深層

図 9-1 投映水準（山中・馬場、1998）

とが本人の成長に役立つかを考えながら行うことが必要であろう。

第5節 クリニックでの臨床心理士の仕事（3）―心理療法―

(a) 個人心理療法

今までに心理療法を担当してきた患者さんのカルテを振り返り、どんな病名の患者さんが多いかを調べてみたところ、やはり神経症圏（適応障害、社会不安障害、強迫性障害、身体表現性障害など）の患者さんが一番多く、次いで人格障害、うつ病の患者さんが多かった。年代別にみると、20代30代の患者さんが多かったが、10代から70代まで、幅広い年齢層の患者さんを担当してきた。このように、筆者の勤務する精神科クリニックのような街中にあるクリニックには、さまざまな病態水準にある、さまざまな年代の、さまざまな悩みを抱えた患者さんが来院する。「カウンセリングを受けたい」と、自ら希望し

てやってくる患者さんも少なくない。希望した患者さんすべてが心理療法を受けられるわけではないが、医師が心理療法への適・不適を判断し、心理療法が開始される。

　心理療法に対するニーズが多種多様であるということは、それに応えるためにも多種多様な心理療法が必要ということになる。一つの療法に精通することはもちろん重要なことであるが、それを柱として、ほかにも使える療法、自分自身の引き出しを増やしていくことが必要であると、日々の臨床の中で感じている。患者さん自身が「○○療法を受けたい」と、特定の心理療法を希望してくることもある。患者さんの希望と、その人の症状・悩みに対しての有効性、治療者側の引き出しの種類、そうしたさまざまな要因を考慮して、最適な心理療法が選択できるのが理想と考えている。

　最近は新聞やテレビなどで取り上げられる機会が多いためか、認知行動療法を自ら希望してくる患者さんが多い。認知行動療法についての詳細は第4章を参照していただきたい。筆者の勤務するクリニックでも、パニック障害やうつ病、強迫性障害などの患者さんに認知行動療法を実施し、成果をあげている。

　その他、いわゆるヒステリー症状のある患者さんには、精神分析的療法が有効であろう。年齢の若い患者さんの中には、長期的な視点で、その人の成長をサポートするような関わりが必要な人も多い。また、言語を用いた心理療法よりも、非言語的な心理療法の方が向いている患者さんや、心理療法というよりも、日々の生活指導などケースワーカー的な関わりが必要な患者さんもいる。

　どの療法を選択するにしろ、基本はやはり「傾聴」である。「傾聴」なくしては、どんな心理療法も成り立たない。また、健康度の高い患者さんの中には、それだけで自分の問題に気付き、回復されていく患者さんもいる。

（b）**集団心理療法**

　筆者の勤務するクリニックでは、2006年から、グループでの自律訓練法とコラージュ療法を行っている。このうち、自律訓練法のグループについてくわしく述べたい。なお、自律訓練法の詳細については、第3章を参照願いたい。

　現代社会はストレスに満ちた生活状況にある。パニック障害、強迫性障害、社会不安障害などの不安障害や、ストレス・緊張からくる頭痛、めまい、吐き気、不眠などの身体症状を訴えて来院する人も多い。そうした場合、ただ単に

症状に見合った薬を処方するだけでなく、心身のリラクセーションを体得してもらうことが、症状の改善・消失には欠かせないと考える。以前はそうした症状に悩む患者さんに対して、個別に自律訓練法の指導を行っていたが、依頼されるケースが多く、自律訓練法を指導できる心理士2名では対応しきれなくなってきたことに加え、患者さんが受動的注意集中を理解しにくかったり、練習に対するモチベーションが持続しにくいとった問題点が浮上してきた。そうした問題点を補うため、加えて、グループ療法の効果も期待して、グループでの指導を始めることとなった。

対象はクリニックの受診者で、主治医によって、自律訓練法が効果的と判断された患者さん。1回のグループは6名以内で、2名の心理士が担当。週1回1時間（初回のみ1時間30分）、8回で終了（標準練習まで）。8回終了後、さらに指導を希望する方のために、フォローアップグループを実施している。

現在まで、計5回のグループを行ってきた。開始時と終了時にSTAIを行ったところ、終了時、参加者全員に不安の低下がみられた。各停の電車にしか乗れなかった人が、「気づいたら」特急電車に乗れるようになっていたり、家事を完璧にこなさなければと考え実行していた人が、「まぁいいか」と手抜きができるようになったりと、さまざまな変化が生じた参加者もいた。また、個別での指導に比べ、同じような悩みをもつ人たちが話し合うことによって、自助グループ的な効果があることも実感している。

その一方で、指導期間が2カ月と短く、各人の進むペースにばらつきがあるため、グループ終了後もいかに練習をつづけてもらうか、それをどのようにフォローしていくかが今後の課題と考えている。

第6節　他職種との連携について

(a) 医師との連携

他職種との連携について述べる際、医師との連携はクリニックの臨床において最も重要なものである。医師がクリニックの責任者であることはいうまでもない。心理検査や心理療法も、医師からの依頼で行うことになる。

また、臨床心理士が心理療法を担当している患者さんも、投薬を受けている人がほとんどであるため、医師の薬物療法と臨床心理士の心理療法が、並行し

て行われていくことになる。その際に、医師と心理士が連携を取りながら、治療を進めていくことが必要である。医師との連携をスムーズに行うためにも、自身が担当する患者さんの医学的診断名、処方されている薬の種類とその作用・副作用などに関する知識は必要であろう。

　筆者には学生相談やスクールカウンセラーとしての勤務経験もあるが、そうした職場では、臨床心理士一人で判断していかねばならないことが多いのに対して、信頼し尊敬できる医師の存在は非常に大きいと思う。しかし、その存在に甘えるだけではなく、臨床心理士としてのアイデンティティをしっかりともって業務にあたりたいと思っている。

（b）PSW（精神科ソーシャルワーカー）との連携

　筆者の勤務するクリニックでは、2名のPSWが、患者さんのケースワークを担当している。臨床心理士が心理療法を担当している患者さんの中にも、生活支援が必要な患者さんがいる。そんなときに、必要な社会資源に関するアドバイスをしてくれたりと、PSWは患者さんにとってだけでなく、医師にとっても臨床心理士にとっても非常に心強い存在である。

（c）受付との連携

　受付スタッフには、初診予約や心理検査、心理療法のスケジュール調整などで大変お世話になっている。また、心理療法を担当する患者さんの受付での様子や、特に気にかかったことなど、伝えてくれる情報が参考になることも多い。

（d）心理士同士の連携

　筆者の勤務するクリニックには、6名の臨床心理士が勤務している。全員が非常勤であり、勤務日数も週1～3日であるため、なかなか顔を合わせる機会のない者同士もいるが、時間をみつけては、担当するケースの相談をしたり、心理検査の検討をし合ったりしている。こうした仲間の存在に助けられていることはいうまでもない。

【引用・参考文献】
（1）河野友信『新・心療内科』PHP研究所（2006）
（2）野村総一郎『うつ病の真実』日本評論社（2008）
（3）備瀬哲弘『D'な人びと、うつ病でない「うつ」たちへ』マキノ出版（2007）

（4） 笠原嘉『予診・初診・初期治療』診療新社（1980）
（5） 山中康裕・馬場禮子『病院の心理臨床』金子書房（1998）
（6） 大塚義孝編『病院臨床心理学』〈臨床心理学全書第13巻〉誠信書房（2004）
（7） 岡堂哲雄編『心理査定プラクティス』至文堂（1998）
（8） 高橋三郎訳『DSM‐Ⅳ‐TR、精神疾患の分類と診断の手引き』医学書院（2002）
（9） 鶴光代『第5回「臨床心理士の動向並びに意識調査」結果速報：第2報』「日本臨床心理士会雑誌57」pp.42-50.
（10） 松原秀樹・松岡洋一「自律訓練法――これから始める人のために――」九州大学医学部心療内科（1997）

第10章
非行臨床・犯罪臨床

第1節　犯罪・非行をどうとらえるか

(a) 犯罪・非行とは何か

　犯罪・非行とは何か。それは、犯罪・非行をどのような枠組みでとらえるかによって、違ってくる。

　法的概念に基づいてみる場合には、犯罪とは、法律によって定められた行為であり、違法で刑罰という制裁を加えることが必要だと判断された行為ということになる。また、法的概念としての「少年非行」は、少年法第3条の規定にならい、以下のように定義されることが多い。

① 14歳（刑事責任年齢）以上20歳未満の少年による犯罪行為
② 14歳未満の少年による触法行為（刑罰法令に触れるが、刑事責任年齢に達しないため刑事責任を問われない行為をいう）
③ 20歳未満の少年のぐ犯
・保護者の正当な監督に服しない性癖のあること
・正当の理由がなく家庭に寄り付かないこと
・犯罪性のある人若しくは不道徳な人と交際し、又はいかがわしい場所に出入りすること
・自己又は他人の特性を害する行為をする性癖のあること

のいずれかの事由があって、その性格又は環境に照らして、将来、罪を犯し、又は刑事罰に触れる行為をするおそれがあると認められる行状

　これらに該当する場合、①が犯罪少年、②が触法少年、③がぐ犯少年とされ、それらを総称して、「非行少年」とよぶ。

　しかし、法律は、その国や時代、国家体制や社会状況によって違ってくるも

のである。ある時代には「犯罪・非行」とされた行為が、別の時代にはそうではない。新しい法律ができることによって、それまで犯罪でなかった行為が、「犯罪」として取り扱われるようになることもある。

一方、心理学など行動科学における犯罪・非行の概念は、研究の対象として考えたり、対策を考えたりするために定義される。社会学では、社会関係に着目し、犯罪や非行を、多数の人びとの非難の対象となり、罰を与えることが当然と認められる行為と考える。また、心理学では、犯罪や非行を起こす個人に着目し、本人の不適応や心的不安定さをとらえ、そこから生ずる反社会的行為を、犯罪・非行とみる傾向がある。

法的概念と行動科学の定義のずれは、「犯罪」よりは、未成年者の「非行」に関して若干大きいといえよう。それぞれの機関、その活動の目的などによって、非行のとらえ方が違っている。たとえば、警察では、喫煙や深夜徘徊などを「不良行為」として補導の対象としているが、一般的には、そのような行為については、「非行問題」とみられることが多い。また、学校現場では、学校をさぼって繁華街に出入りしたり、教師に対して反抗的態度をとったり授業妨害をするなどの問題行動も広く「非行」として、指導の対象と考えることがある。

非行臨床の分野で予防的観点からみる場合には、法に違反する行為だけではなく、社会的に非難されるような行為や逸脱行動等を含んで、「非行」と考えることが多い。

(b) 犯罪・非行の要因

犯罪・非行をなくし、安心して暮らせる社会にしていくことは、多くの人の願いである。その対応策を考える上で、犯罪・非行の要因をどのようにとらえ、どう理解をしていくかということは重要である。

犯罪研究の初期には、単一的な原因論が研究され、非行・犯罪者の生物学的特徴（遺伝、脳神経障害など）、精神面での特徴（知能、パーソナリティーなど）に着目した種々の研究がなされてきた。しかし、何か一つの要因が犯罪・非行に直接的に結びつくことはないということが次第に明らかになるにつれ、多面的な要因が考えられるようになった。それとともに、研究対象も、成人の犯罪者から、若年の犯罪者や青少年期の非行・逸脱行動へと広がっていった。

非行の要因を調べるための実態調査の方法としては、横断的研究（たとえば、非行を犯した少年と非行のない少年を、同時期に調査し、その違いをみるなど）、縦断的研究（たとえば、同じ対象者を追跡調査して、非行を発現させる要因や立ち直りの要因を探る研究など）がよく行われており、多くの知見が得られている。小林[1]は、わが国の横断的研究や欧米の縦断的研究をレヴューし、非行関連要因を以下のように総括している。すなわち、本人の特性としては、「衝動性の高さ」「逸脱的メディア（性的あるいは暴力的なもの）との接触の多さ」、家庭については「親の養育機能の不全」「親子間の情緒的結びつきの弱さ」、学校関連では「学業不振」、友人関係では、「遵法的な同輩からの疎外」、地域環境では、「インフォーマルな統制機能の欠如、すなわち青少年の行動を見守り、必要な働きかけを行う大人がいないこと」が、非行化と関連しているとした。

（c）犯罪・非行の説明理論

　このように、犯罪・非行の要因としては、多面的なものが取り上げられているが、これらの要因がどのように働いて、犯罪・非行が生じると考えればいいのだろうか。この点、欧米の代表的な非行理論には、「緊張理論」「分化的接触理論」「統制理論」「ラベリング理論」などがある。

　「緊張理論」は、社会的に受け入れられるような目標と、それを達成することを夢みながらもそれを実現する手段が得られないときに、非合法な手段で目標を達成することから犯罪・非行が生ずるとする考え方である。この緊張（ストレイン）は、社会的に受け入れられるような目標と、それを達成するための手段の間に生ずるかい離に対する個人の反応を指す。この理論は、1950年代のアメリカ社会を背景に生まれてきたものであったが、その後、アグニュー（Agnew, R.）[2]が、従来の理論では不公平な社会構造から生じるとされた「ストレイン」の範囲を広げ、ライフイベント上のさまざまな出来事から生ずる「ストレイン」が、非行や犯罪の原因になりうるとした。さらに、自己統制力の乏しい人格の人の場合、「ストレイン」の影響を受けやすいとして、緊張理論をより一般的で使いでのあるものとした。

　分化的接触理論とは、家庭や仲間集団、地域において、逸脱的な文化と接触することによって犯罪・非行が生ずる、とする学習理論の一つである。この理

論においては、「違法行為を肯定する意味付けが、違法行為を不都合とする意味づけを超えたとき、非行が生ずる」としている。また、当初は、直接的な接触による学習のみを想定していたものが、その後、マスメディアなどを通じての学習にも理論を広げていくこととなった。

「統制理論」では、それまでの非行理論がなぜ犯罪や非行をするのかを考えたのに対し、多くの人がなぜ犯罪や非行をしないのかということに注目し、非行の抑止要因として、「社会的絆」と「内的統制」をあげた。「社会的絆」として、ハーシ（Hirschi, T.）[3]は次の四つを示した。

①アタッチメント（親や家族などへの愛着）
②インボルブメント（日常生活、日常の活動に忙殺）
③コミットメント（勉強や部活動などに熱中する）
④ビリーフ（社会規範への信頼）

これらをもつ人は、非行や犯罪に走らないとする。また、レックレス（Reckless, W.C.）らは、「内的抑制」として、よい自己概念の非行防止作用について提唱した（Reckless, et al.）[4]。その後、ハーシらは、自己統制力（セルフ・コントロール）の欠如が、犯罪や非行の原因であるとした（Gottfredson & Hirschi）[5]。

「ラベリング理論」は、一旦非行や犯罪をした人たちが、公的機関によって取り扱われることによって、社会から逸脱者としてみられ（ラベルを貼られる：ラベリング）、自らも逸脱者としての自己イメージをもつようになり、さらなる逸脱行動に向かうという理論である。その後、公的機関のラベリングよりも、周囲の者から価値がないとみなされることによるインフォーマルなラベリングの重要性が強調されるようになった。

これらの理論に加え、1980年代以降、発達的な視点に立った新しい理論が生まれてきた。有名なのが、モーフィット（Moffit, T. E.）[6]の発達類型論である。モーフィットは、青年期に犯罪発生率が高くなることに着目し、犯罪非行の継続性と変化について、二つのタイプが存在すると述べた。一つは、生涯継続型（life-course persistent）と名づけられ、幼少期の神経心理学的問題と生育環境の交互作用によって生じ、累犯者となっていくとされる。このタイプは主として男子にみられるという。またもう一つは、青年期限定型（adolescentlimited) とされ、青年期のみ一時的に逸脱行動に走るものの、成人以後は落ち着くとされる。女子にも男子の三分の二ほどの比率で発現するという。

さらに、サンプソン（Sampson, R.J.）とラブ（Laub, J.H.）は、過去のデータの追跡調査をした上で、ライフコースの視点を導入した犯罪・非行理論を展開した。[7][8]すなわち、幼少期の養育環境がその後の犯罪傾向に影響を与える一方で、成人以後の人生上のイベント、就職や結婚などによって、犯罪が低減されると述べている。このことは、非行歴を重ねた者でも、成人後更生できる可能性があるということを示唆しており、立ち直りの支援を考える上で、重要な視点である。

（d）犯罪・非行問題の変遷

ここまで、これまでの犯罪・非行理論の一部を紹介した。当然のことながら、それぞれの理論の背後には、特有の人間観や社会観があり、また犯罪・非行に対してどのようなスタンスをとるかということにより、対応策の取り方も違ってくる。さらに、理論の歴史的変遷をみれば、その背景にある社会の特徴があり、犯罪・非行問題の変遷がみてとれる。

わが国においては、犯罪・非行の心理学的要因について、個体要因から環境要因へ、一因論から多因論へ、特性論から力動論へ、非連続から連続へ（犯罪を異常行動としてとらえるのではなく、正常な行動との連続性のなかで理解するようになった）と変遷してきたとされる。[9]犯罪・非行者を特殊なモンスター扱いするのではなく、その背景を探り、犯罪・非行に至る力動的な機制を理解するように努めることが重要視されてきたのもそうしたことによるものである。ところが、1990年代後半ごろから、未成年者による凶悪な犯罪が社会的注目を集める中で、社会的に「自己責任論」が幅を利かせるようになり、犯罪・非行者についても厳罰論が浮上しやすくなっている。その影響などを背景に、ふたたび個体特有の内面の問題に注目する動きが出てきている。たとえば、土井は、「少年犯罪が『関係性の病理』ではなく、『内面性の病理』として認識される傾向を強めてきた」と述べている。[10]

一方、石川は、非行・犯罪の原因研究の批判的考察として、犯罪・非行の原因論と治療ないし対策論とは、別個に取り扱うべきであるとしている。[11]非行・犯罪者をめぐる論議は、以前の原因論一辺倒から、効果的処遇方法のあり方に

焦点が移ってきているという側面もある。

第2節　非行臨床とその特徴

(a) 司法・矯正のシステムと非行少年

前節では、犯罪・非行の定義と理論について述べたが、少年法で規定される「非行少年」は、図10-1のような流れに沿って、司法・矯正のシステムに乗り、措置が検討され、処遇されることとなる。このプロセスは、行動科学や心理学など人間関係諸科学に基づき、少年が犯した非行の事実のみならず、その非行原因や家庭環境などが、綿密に検討され、それぞれの少年が抱えている問題に即した処遇につなげていくという構造となっている。

これらの機関では、多くの人間関係諸科学の専門職が心理臨床的なアプローチを行い、活躍している。一方、成人の犯罪を取り扱う現場では、これらの専門職が関与できる場面はまだまだ限定的であり、そのことが、少年非行と成人犯罪の取り扱いの大きな相違点の一つといえる。

(b) 非行と心理臨床

既述のように、少年非行に対応する司法・矯正システムにおいては、多くの行動科学の専門職員が活躍しており、その業務を通じてのアプローチの中から「非行臨床」についての多くの知見が得られている。そこで、ここからは、特に少年非行に対する心理臨床の取り組みについて述べることとする。

非行臨床が、違法行為をも含む「非行」問題を取り扱う以上、通常の心理臨床とは異なるさまざまな制約をともなう。

まずは、その特殊な治療構造について認識をもたなければならない。特に、司法・矯正システムは、刑事司法の刑罰を基調とした枠組みの中に、臨床的な性格を付与した特異なものであり、「『罰』を背後効果とする威嚇や強制を伴った少年との関係性が前提になってしまう」（廣井）[12]という特徴がある。対象者たちの大半は、積極的な治療動機はもたず、ときには、そこで出会うセラピストに対して、敵意や反感を抱いていることもある。さらに、それらの敵意や反

注：成人の刑務所においても、その収容先を検討する際や問題性に合わせた処遇などにおいて、心理学など行動科学の専門職が活躍する場が増えつつあるが、全体的な流れでみるといまだごく一部といわざるをえない。

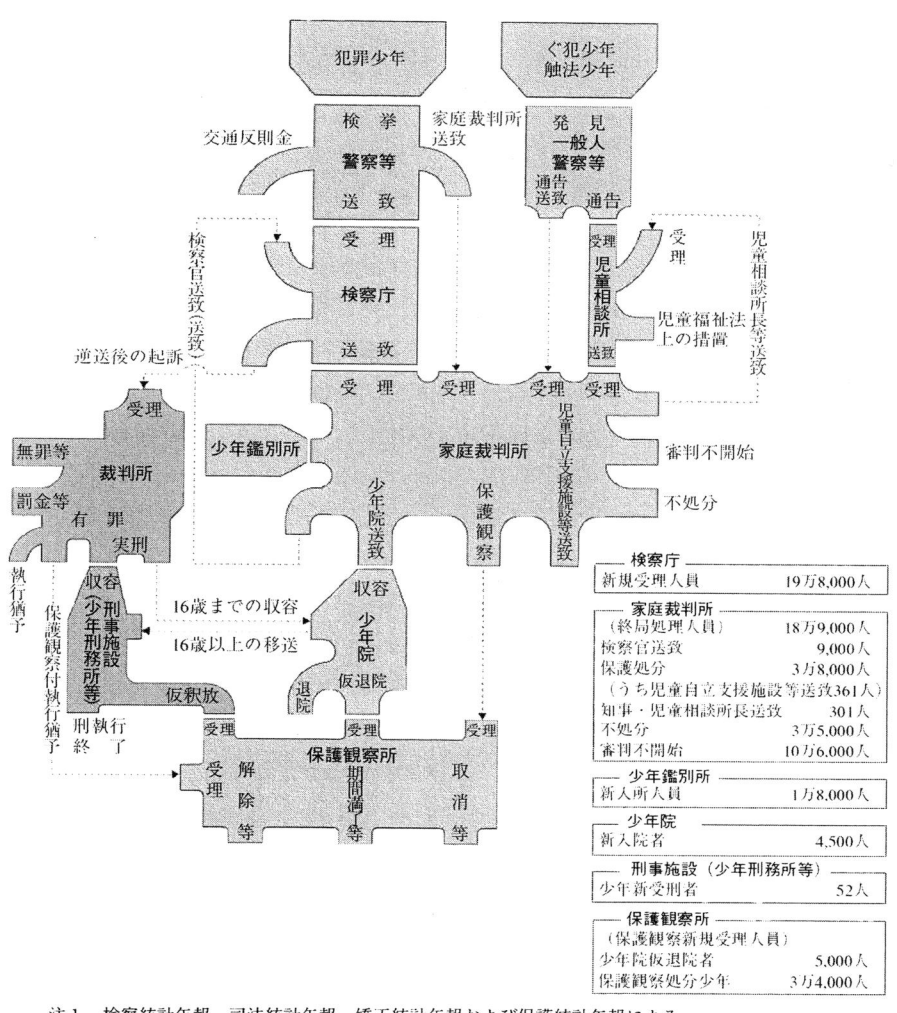

第10章　非行臨床・犯罪臨床　　**159**

図10-1　非行少年に対する手続きの流れ（「平成19年版犯罪白書」より）[13]

注1　検察統計年報、司法統計年報、矯正統計年報および保護統計年報による。
　2　平成18（2006）年における数値であり、「児童自立支援施設等送致」、「知事・児童相談所長送致」および「少年新受刑者」以外は概数である。

検察庁	
新規受理人員	19万8,000人

家庭裁判所	
（終局処理人員）	18万9,000人
検察官送致	9,000人
保護処分	3万8,000人
（うち児童自立支援施設等送致361人）	
知事・児童相談所長送致	301人
不処分	3万5,000人
審判不開始	10万6,000人

少年鑑別所	
新入所人員	1万8,000人

少年院	
新入院者	4,500人

刑事施設（少年刑務所等）	
少年新受刑者	52人

保護観察所	
（保護観察新規受理人員）	
少年院仮退院者	5,000人
保護観察処分少年	3万4,000人

感が表現されず、表面的には従っているようにみえながら、実際はそうではないという面従腹背的な状態になっていることもしばしばである。

　さらに、心理臨床の基本的ルールの一つであるクライエントの自己決定原則

の問題がある。自らの意思に反して、強制的に連れてこられた対象者は、治療動機がないばかりか、自らの「非行」行動にも葛藤や不安を抱いていないことが多い。クライエントの自己決定原則が制限されるということが、非行臨床の特徴的な点である。

　もう一つの特徴として、「非行」が反社会的な傾向をもつ行為であることや、自傷他害行動を含む激しい行動化がしばしばみられるということに目を向けなくてはならない。行動化に対処するための、規制や限界設定が必要になってくることに加え、クライエントの成長を待たず、強い規制をかけなければならない事態になることも念頭においておく必要がある。

　これらの特徴は、しばしば非行問題に対する心理臨床的アプローチの限界として語られ、セラピスト自身、葛藤を抱えることにもなりがちであるが、これらの限界に自覚的であることが、限界を乗り越えることにつながる。

　たとえば、加藤[14]は、司法・矯正システムなどによる「外的強制」と、クライエント自身の中に育てていくべき「内的統制力」を対立的にとらえるのではなく、連続的なものとして位置づけ、司法機能を有効に利用することを勧める。すなわち、権力的な規制、行動を制限する枠組みの下での、クライエントの問題解決能力の向上を目指すのである。もちろん、その際、臨床家は、「司法（福祉）における利益と不利益および自らのダブルロールについて、少年（クライエント）や家族等にわかりやすく伝え、適正手続きを明示すべき」ともしている。また、生島[15]は、「臨床家自身が、自らの機能を自覚し、そのパワーを治療的に活用する視点をもっていることがポイントとなる」とする。

　廣井[16]は、「罰」や「強制」に臨床的な意味をもたせるための工夫について述べている。「罰を下す」というより「試練を課す」、すなわち、そのことをきっかけに、周囲の人（たとえば教師）と少年の関係を再構築し、人と人との関係性の中で、少年の可能性を引き出すようにする。また、大人の側が、強制的にいうことを聞かせる立場（権力）から、少年が自発的にいうことに従う気持ちになる立場（権威）へと転換していくことができれば、子どもは援助を受け入れるようになるとする。

　非行臨床の場における強制、規制の力は、非行少年の行動化の限界設定をするためにも有効である。実際、非行者本人の意思に反する措置の最たるものと

もいえる施設収容は、非行行為への罰とのみ見られがちであるが、激しい行動化が制限される環境は、一面、非行者にとって安全な空間ともいえる。そこで、行動化が制限されるだけでなく、治療的な働きかけがなされることで、初めて少年の内面的変化が促される。石川(11)は、治療者の基本的姿勢の重要さを説き、治療者が非行少年に何らかの関心をもつこと、更生や社会復帰という共通の目的に向かっての共同作業（対話）を続けることが重要だとした。そうした伴走者を得て、非行少年は、それまで自我防衛的に回避していた自らの内面に目を向けるきっかけを得ると考えられよう。

（c）非行臨床における留意点

これまでに述べたような非行臨床における特徴も踏まえ、非行臨床にあたって留意すべき点についてまとめてみる。

まずは、非行臨床における場の設定についてである。既述のように、治療意欲が乏しいばかりか、ときに反感を抱いている対象者に対して、強制力をもって参加させているということについて十分自覚したうえで、その強制力を効果的に行使するための工夫や、規制と支援という、自らのダブルロールについて、対象者に十分な説明をすることが重要である。具体的には、対象者の問題の解決にあたって、本人の自発的意思の有無に関わらずこのプログラムないしは面談に参加してもらうことになったと告げたうえで、その枠の中であれば、本人の希望や意思は保証されるということを理解してもらう。

次に、セラピストの姿勢についてである。セラピストは、自らの言動が、その強制力を背景として、対象者に威圧的に映りやすく、影響力をもつということにも自覚をもつべきである。と同時に、対象者の起こした犯罪・非行の事実に対して、冷静・中立的であるべきであろう。心理臨床家が陥りがちな誤りは、対象者に共感し、追体験するがゆえに、犯罪・非行者に同情的になり、その行為までも許容的になりすぎることである。その対極として、犯罪・非行者の起こした行動や体験がセラピストにとって受け入れ難いような残虐なものであったり凄惨なものであったりすると、距離を置きすぎて突き放してしまうこともある。どちらも非行臨床の姿勢としては望ましいものではない。もし違法行為があれば、それは法律によって冷静に処理されるべきであり、臨床家が、かばったり非難したりすべきものではない。

さらに、行動化に対処すること、限界設定の重要性について強調しておきたい。本人なりの努力や成長があるにしても、一旦たがが外れると自他を傷つけるような激しい行動に出やすいというのが、特に思春期の非行少年たちの特徴である。したがって、そうした行動化が予想されるような状況だと判断すれば、本人や家族に説明をしたうえで、強制的な手段を取らなくてはならないこともある。非行臨床において、時間をかけてゆっくりと成長を待つということがむずかしいゆえんはこの点である。

最後に、非行問題が、違法な行為であったり、周囲の人たちの利益を損ねたり迷惑をかけたりする行為であるということを忘れてはならない。非行臨床の目的の一つは、非行者が社会に受け入れられ、健全な社会の一員となることである。したがって、非行臨床に携わる者は、対象者との一対一の関係のみにとらわれず、その家族はもちろんのこと、非行者をとりまく地域社会に目を向け、問題意識をもって援助を展開していかなくてはならない。

第3節　初期の非行問題に対する援助(警察少年サポートセンターの実践から)

(a) 警察少年サポートセンターの役割と特徴

前節では、主として、司法・矯正システムにおける心理臨床を中心に、その特徴や留意事項について述べた。そこでは、法に則って、厳正にその手続きが進む。しかし、生島にならい、非行臨床を、「非行少年の社会復帰のための心理臨床的地域援助を意味する」とすると、援助を展開するのは、いわゆる司法・矯正システムのみならず、学校の生徒指導・スクールカウンセラーなどや、地域の福祉機関等にまで広がる。そこで、ここでは、筆者の勤務する、警察の少年サポートセンターにおける、初期の非行問題への取り組みを紹介したい。

警察は、少年犯罪や触法事案の捜査や調査を行う機関であり、非行少年の手続きを担う司法・矯正システムの入り口の部分を担っている。それとともに、少年警察活動のもう一つの大きな役割が、少年の非行防止・健全育成活動とされる。少年サポートセンターは、この後者を担うべく、設置されたものである。

少年サポートセンターの活動内容は、それぞれの都道府県によって違いはあるが、主として、街頭補導・少年相談（保護者や少年、関係者などからの相談

受理)・継続補導(不良行為等主として非行問題を抱えた少年などへの継続的な指導や助言)・被害少年への支援である。また、これらの業務を主として担っているのは、行動科学などの専門職として採用された少年補導職員(少年相談専門職員と呼ばれる心理職を含む)である。

少年サポートセンターは、電話、ファックス、メールなど、未成年者も含めて広く利用しやすい相談窓口を設置している。日ごろの街頭補導活動などで、喫煙や深夜徘徊などの不良行為少年たちと接する機会も多く、また、警察署と連動して動くことができる。非行問題を抱える少年たちと比較的早い時点で接触できる場であるといえる。問題が軽微なうちに、早めに援助を展開していくことで、その後の非行の深刻化を防ぐことが、サポートセンターの活動のねらいの一つである。

(b) 少年サポートセンターにおける援助

少年サポートセンターにおける援助はどのように進められていくのだろうか。非行問題は、多くの場合、その少年の保護者や学校関係者などからもち込まれる。これは、これまでにも述べてきたように、非行問題を起こしている本人は、多くの場合、治療動機や意欲に乏しいからである。

こうして持ち込まれた非行問題について、初期の段階で、その情報を整理したうえで、見立て・アセスメントを行わなくてはならない。本人の問題行動の程度、家族との関係、学校や職場での適応状況、保護的な資源がどこになるかなどについて、できるだけ情報を集める。ときには、心理テストなどのツールを使ったり、本人や家族の了解を得て、学校や職場と情報交換をしたりする場合もある。

ここで忘れてはならないのが、緊急性があるかどうかの判断である。非行問題を抱えている少年は、犯罪に首を突っ込んだり巻き込まれたりする危険性と隣り合わせの生活をしていることが多い。また薬物依存などの問題は、健康上の危険をともなうし、家庭内暴力などの問題は、その程度によっては、さらに深刻な問題に発展する危険性をはらんでいる。緊急性があると判断した場合には、なるべく早期の危機介入を検討しなくてはならない。もちろん、違法行為、犯罪が判明した場合にも司法のルートに乗せていくことを考えなくてはならない。

通常の心理臨床においても、「自傷他害のおそれ」がある場合など人命にか

かわる緊急事態では、その事態への対応が、ほかの原則に優先するとされるが、少年サポートセンターにおいては、人命に関わる事態のほか、犯罪や違法行為が判明した場合にも、守秘義務や自己決定の原則が制限される。相談を受ける時には、本人やその家族にそのことをきちんと説明をしておく必要がある。

　切迫した緊急性がないとなれば、集めた情報に基づき、どのようにして支援をしていくかについて、方針を立てていく。最初の段階で本人と接触できなかった場合には、どのようにして本人に来談してもらうのか工夫が必要である。すでに不良行為などで補導歴がある者であれば、そのことを理由に来談を促す、家出をして家族から捜索願を出されたことがある者であれば、その事後指導としてよび出す、家庭内暴力で110番通報が入ったことがあれば、そのことを理由によび出すといった、警察の権威を利用して、来談を強く促すこともある。ただし、こうした形で、来談がかなったとしても、その後、継続的な来談が望めるかどうかは、その後の関わり方次第である。問題を抱える本人のニーズをきちんと受け止め、その支援をしていくという関係づくりができるかどうかがポイントとなる。

　さらに、行動の規制や限界設定についても神経を使わなくてはならない。現状より問題性がすすめば、司法的な措置がとられる可能性があるということを伝える必要も出てくる。注意しなくてはいけないのは、これが、単なる威嚇・脅しとなっては、意味がないということである。そのために、行動化を防ぐためにどうするか、本人と十分に話し合い、適切な対処方法について伝えておくこと、さらに、周囲の人に対して助けを求めることを勧め、その効用を話しておくとよい。そのようなことを話題にすること自体に臨床的な意味がある。そうした準備をした上で、状況を冷静に見守り、危険性があると判断した場合には、すみやかに保護や司法的な措置をとることが大切である。

　非行問題を抱える本人の問題解決にあたって、家族支援は欠かせない。多くの場合、保護者は自信を失っており、問題解決への気力を失っているので、まずは、その疲弊感をねぎらうことから関係づくりをしていく。ある程度落ち着いてくれば、家族としての対処方法を見直し、問題のあるところは修正していくための援助をする。家庭内で起こっていることを考えていくうえでは、システム論的な考え方が役に立つ。

(c) 関係機関との連携

　司法・矯正システムにおいては、関係機関の役割分担は、法律によって明確に定められており、その枠の中で、相互の連携が図られていく。しかし、初期の非行問題など、司法ルートに乗る前の問題に対処していく場合の機関相互の連携は、従来、それぞれの機関のスタッフ個人の努力によって支えられてきたところがあり、必ずしも、機関としての合意に基づいたものではなかった。こうした方法は、その個人がいなくなれば、連携がむずかしくなるという状況を招きかねない危うさがある。さらに、問題が困難であればあるほど、機関相互に責任を押し付け合い、相互不信を招くような事態にもなりがちであった。

　関係機関の連携をうまく進めるにはいくつかの条件が必要である。

　まず、それぞれの機関が、お互いの役割と限界を十分認識することである。公的機関はその役割を法律等で規定されているが、実際に協働して活動する経験を積んでいくことで相互理解が深まる。

　次に、その問題の性質によって、どこの機関が中心的な役割を担い、マネージメントするかについて、合意を図っておくことである。中心になる機関とその担当者を決めておくことによって、情報交換、会議の設定などを円滑にすすめていくことができる。事態の変化にともない、中心的な役割を執る機関が変わっていくこともあり、そのことについてもある程度のルールを決めておく。たとえば、校内で問題を起こしていた中学生の非行の広がりを心配して、関係機関が連携をする場合を考えてみよう。最初は学校が連携の中核を担うが、その後、その生徒が不登校となり、地域での不良交友関係を広げていくようになると、学校よりは、警察の少年サポートセンターがマネージメントしたほうが適切であろう。あるいは、生徒の触法行為により、児童通告されるという事態となれば、児童相談所が中核となる。うまくいかないケースでは、状況の変化にシステムがついていけず、中途で連携が立ち消えとなることが多い。したがって、初期の段階でいろいろな可能性を想定した道筋を話し合っておくとよいと考えられる。

　加えて、情報の管理が適切になされることが大切である。この点が守られなければ、各機関は個人情報保護の観点から、情報交換におよび腰になってしまい、連携がむずかしくなるからである。

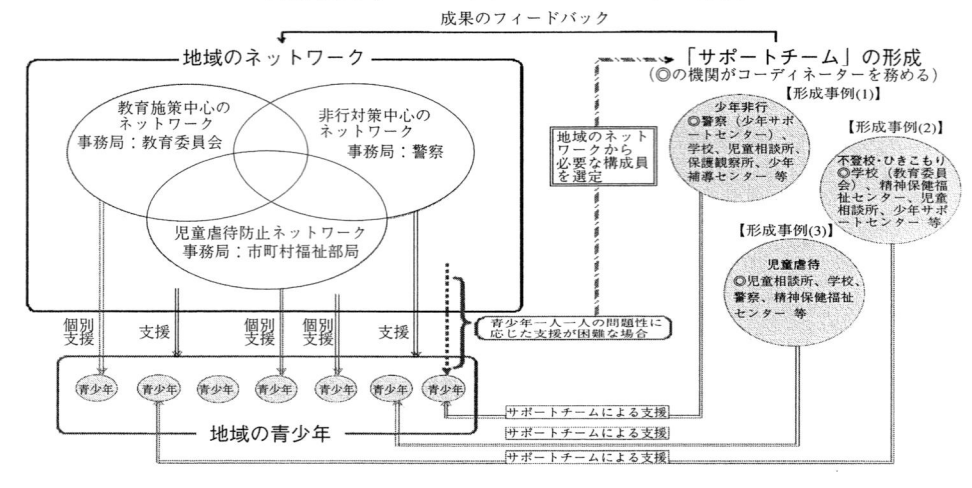

図10-2 関係機関などにおける少年サポート体制の構築について（平成16年少年非行対策課長会議：内閣府青少年育成HPより）[17]

　関係機関の連携を実効性のあるものとし、青少年の多様な問題に対処していくために、国レベルでもさまざまな取り組みが進んでいる。文部科学省の提唱による「サポートチーム等地域支援システムづくり推進事業」はその一例である。この活動では、単なる情報交換ではなく、協働して動くことの重要性が強調され、個々の青少年の問題に、関係機関が協力して対処していくという態勢づくりが進められた。図10-2は、このサポートチームのイメージ図である。

　ここには、青少年が抱える問題の性質によって、コーディネーターを務める機関が変わること、その成果を地域ネットワークにフィードバックするということが示されており興味深い。

第4節　最近の動向から

　まとめにかえて、昨今の犯罪・非行をめぐるいくつかの動きを紹介したい。
　まずは、被害者への配慮についてである。犯罪・非行臨床は、犯罪者や非行少年を理解し、その社会復帰を目指すための活動であり、従来その犯罪・非行の被害者への配慮や視点に欠けてきた面があった。そうしたことへの社会的な

関心、問題意識が高まったことを背景として、司法・矯正システムにおいても、被害者の立場に配慮し、被害者の視点を入れた処遇が進められている。さらに、被害者と加害者を対面させることで、被害者の回復と加害者の立ち直りを支援するという試み（これは修復的司法"restorative justice"の理念に基づいて実践されている）も始まっている。とはいえ、これらの対策が進められる中で、次第に明らかとなってきたのは、加害者の更生のための試みの多くが、必ずしも被害者の回復とはつながらないという難しさであった。犯罪・非行臨床においては、その難しさを十分念頭に置きつつ、被害者への配慮をしていく努力が求められている。

　つぎに、再犯・再非行対策の重要性である。犯罪・非行に対する社会的なまなざしは年々厳しいものとなっており、特に繰り返し犯罪を起こす犯罪者に対する厳密な対策が求められている。こうしたことを背景に、2007年に制定された更生保護法では、保護観察対象者に対して、性犯罪者処遇プログラムなどのプログラム受講を義務化するなどの強化策を打ち出している。犯罪・非行者の社会復帰にあたっての環境は、厳しいものとなっているのである。犯罪・非行臨床にあたって、そうした世の中の動きを意識し、犯罪・非行者に厳しい規制をかけつつ支援していくというダブルロールをいかにこなしていくか。その困難性も増しているといわなくてはならない。

　最後に、行動科学としての犯罪・非行臨床であり、そこで行われていることの有効性が問われる時代であるということである。犯罪・非行臨床に携わる者は、自らの活動を振り返り、それが真の意味で、犯罪・非行者の立ち直りに資しているのかという視点を常に持ちながら、より効果的な方法を模索しつづけることが必要である。

【引用・参考文献】
（1）小林寿一編著『少年非行の行動科学』北大路書房（2008）
（2）Agnew, R., *Pressured into Crime : An overview of general strain theory*, Roxbury, 2006.
（3）Hirschi, T., *Causes of Delinquency*, University of California Press, 1969.［ハーシ, T.（森田洋司・清水新二監訳）『非行の原因』河出書房新社］
（4）Reckless, W. C., Dinitz, S., & Murray, E., *Self concept as an insulator against*

delinquency, American Sociological Review 21, pp.744-746., 1956.
（5） Gottfredson, M.R., & Hirschi, T, *A general theory of crime,* Stanford University Press, 1990.
（6） Moffit, T, E,, *Life-course persistent and adolescence-limited antisocial behavior ; A developmental taxonomy,* Psychological Review 100, pp.674-701., 1993.
（7） Sampson, R. J. & Laub, J. H., *Crime in the making : Pathways and turning points through life,* Harvard University Press, 1993.
（8） Laub, J. H. & Sampson, R. J., *Shared beginnings, divergent lives : Delinquet boys to age70,* Harvard University Press, 2003.
（9） 星野周弘他編『犯罪・非行事典』大成出版社（1995）
（10） 土井隆義『〈非行少年〉の消滅』信山社（2003）
（11） 石川義博「犯罪・非行研究の歴史的展望——原因論と精神療法」『精神療法 Vol 34』No.2, pp.133-141.（2008）
（12） 廣井亮一「非行治療に向けてのシステムズ・アプローチ」『精神療法 Vol.34』No.2, pp.164-170.（2008）
（13） 法務省法務総合研究所編「平成19年版　犯罪白書」
（14） 加藤幸雄『非行臨床と司法福祉』ミネルヴァ書房（2003）
（15） 生島浩『非行臨床の焦点』金剛出版（2003）
（16） 廣井亮一『司法臨床の方法』金剛出版（2007）
（17） 内閣府青少年育成HP　http:// www8.cao.go.jp/youth

第11章
矯正領域における教育臨床

第1節 はじめに

　少年院は家庭裁判所の審判決定によって非行少年を収容し、社会への再適応を促す矯正教育を施す法務省の施設であり、対象とする非行少年の年齢、資質に応じて初等少年院、中等少年院、特別少年院、医療少年院に分類されている。また、少年院は非行少年を収容する期間に応じて、おおむね4カ月の特修短期課程、おおむね6カ月の一般短期課程、おおむね1年の長期課程に分類されている。さらに、長期課程は、以下の諸課程に細分されている[(1)]（**表11-1**）。本稿ではこれらの課程のうち、最も標準的とされる男子中等少年院のV2課程を念頭に置いて論を進める。また、本稿では、こうした課程で行われている処遇の

表11-1 長期課程の細分

細分	対象者
G1	著しい性格の偏りがあり、反社会的な行動傾向が顕著であるため、治療的な指導及び心身の訓練を特に必要とする者
G2	外国人で、日本人と異なる処遇を必要とする者
G3	非行の重大性等により、少年の持つ問題性が極めて複雑・深刻であるため、その矯正と社会復帰を図る上で特別の処遇を必要とする者
V1	職業能力開発促進法等に定める職業訓練（10カ月以上）の履修を必要とする者
V2	職業能力開発促進法等に定める職業訓練（10カ月未満）の履修を必要とする者、又は職業上の意識、知識、技能等を高める職業指導を必要とする者
E1	義務教育の履修を必要とする者
E2	高等学校教育を必要とし、それを受ける意欲が認められる者
H1	知的障害者であって専門的医療措置を必要とする心身に著しい故障のない者及び知的障害者に対する処遇に準じた処遇を必要とする者
H2	情緒的未成熟等により非社会的な形の社会的不適応が著しいため専門的な治療教育を必要とする者
P1	身体疾患等
P2	肢体不自由等の身体障害のある者
M1	精神病者及び精神病の疑いのある者

Ⅱ部　実践編

中でも、特に少年院で特徴的である作文指導と集会指導について論じる。

第2節　非行少年の一般的なあり方

(a) 非行のもつ「遊び」としての性格

　最近の非行少年の中には、常識的には理解しづらい理由で重大な事件を引き起こし、深刻な精神病理を疑わせる者も見受けられる。また、彼らの中には、少年院に入っても容易に立ち直れずに非行を繰り返し、やがて、刑務所への出入りを繰り返す常習的犯罪者になる者もいないわけではない。しかし、多くの非行少年は、精神的にはむしろ健康であり、やがては非行を自発的に「卒業」して遵法的世界へと復帰していくのである。たとえば、2007年版『犯罪白書』に従えば、同年齢人口10万人当たりの少年刑法犯検挙人員によって示される「非行少年率」は、14～16歳を頂点として次第に下降する傾向を示している（図11-1）。すなわち、非行少年は、統計上は17歳になると非行を「卒業」し、もはや刑法犯として検挙されない程度には「落ち着いて」いくのである。

　つまり、非行少年はヤクザとは違い、アウトロー的世界にしっかりと根を下ろした「プロフェッショナル・アウトロー」ではないのである。むしろ、彼らは遵法的世界とのきずなを保ちつつ、こうした世界を一時的に離脱してアウトロー的世界をかいまみている「パートタイム・アウトロー」にすぎない。それゆえ、彼らの非行は、遵法的世界とアウトロー的世界の間で行われる「たどり着くべきあてどのない行ったり来たりの往復運動」であり、ガダマー（Gadamer, H.G.）のいう「遊び（spiel）」としての性格をもっている。[2]実際に、

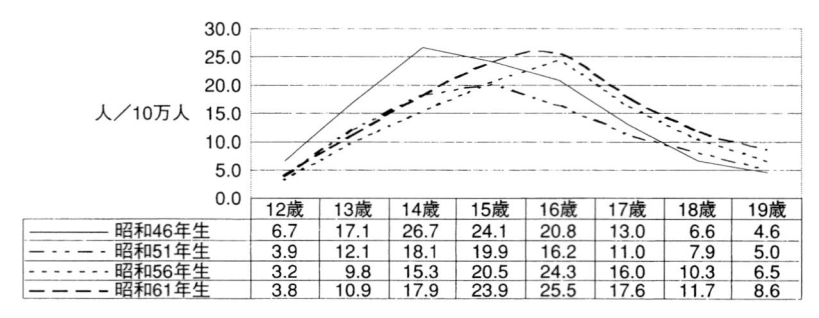

人/10万人	12歳	13歳	14歳	15歳	16歳	17歳	18歳	19歳
昭和46年生	6.7	17.1	26.7	24.1	20.8	13.0	6.6	4.6
昭和51年生	3.9	12.1	18.1	19.9	16.2	11.0	7.9	5.0
昭和56年生	3.2	9.8	15.3	20.5	24.3	16.0	10.3	6.5
昭和61年生	3.8	10.9	17.9	23.9	25.5	17.6	11.7	8.6

図11-1　非行少年率の推移（2007年版『犯罪白書』による）

非行少年は、非行に熱中している最中も自分の行為を「若いうち」だけ許されるヤンチャな「遊び」ととらえており、やがては自分もこうした「遊び」を「卒業」して遵法的世界に復帰していくことを予感している。たとえば、1970年代に大規模暴走族の総長を務めた青年は、著書の中で以下のとおり述べている。
(3)

> 世のなか、なにからなにまで虚飾に満ちて、身体を張って何かに賭けるなんていう自分との闘いは小馬鹿にされる。それよりは、[暴走族の方が]よっぽど純粋で正直ではないのか。せめて、一年、長くて二年の突っ張りなのだ。それを過ぎてしまえば、それぞれ世のなかに埋まっていく。

しかも、非行少年のいう「若いうち」は、20代前半まで親がかりで学校に通うことを奇異としない今日の感覚で言えば、驚くほど短いのである。たとえば、1984年に『暴走族のエスノグラフィー』を発表した佐藤郁哉は、当書の中で以下のとおり述べている。
(4)

> 筆者が右京連合とのコンタクトを取る最初のキッカケを作ってくれたレディスのリーダーに河原町通りではじめて遭ったとき、彼女は、次のように語り、それから約二カ月後に暴走族活動から「卒業」し、そしてオチツいていった——"もう、うちら十七やし、オバンやしな。もう、オチツカなあかんわ"

実際に、暴走族を始めとする非行集団は、多くの場合は18〜20歳で引退し、その後はOBになることを制度化している。すなわち、非行少年にとって、ヤンチャな「遊び」に熱中していられる「若いうち」は、男子については18〜20歳までで、女子についてはもっと早いのである。こうした意識は、いわば、学校制度の普及する近代以前の感覚をそのまま保っているといえるだろう。後に述べる非行少年の早婚傾向も、こうした意識と無関係ではないのである。

(b) 非行を卒業するとき

しかも、暴走族を始めとする非行集団は、意外にも、非行少年に対して非行を「卒業」するよう促す教育的機能をもっている。たとえば、非行少年は、こうした非行集団に入って先輩と出会う経験を通じて、しばしば以下のことを学

んでいく。すなわち、彼らは、たしかに学校では成績も振るわず、高校進学もままならない「落ちこぼれ」であったかもしれない。しかし、彼らは、たとえ学校で「落ちこぼれ」であったとしても、社会に出てまで「落ちこぼれ」であるとは限らないのである。実際に、彼らの先輩の中には、中卒または高校中退でも高学歴を必要としない分野で正業を得て自立し、時には努力を重ねてマイスター的地位を得ている者も少なくない。非行少年は、非行集団に入ってこうした先輩と出会うことを通じて、遵法的世界で正業を得て一人前の社会人になる可能性を、初めて自分によって実現され得る可能性として見出していくのである。

　しかも、非行集団は、そのメンバーに対してアウトロー的世界の価値観と行動様式を教え、いっそう本格的なアウトロー的世界へと導くゲイトウェイ的機能をもっているとともに、同年代の仲間との「出会い」を提供する社交場的機能をもっている。(5)特に、暴走族の中には「硬派」を名乗っているにもかかわらず「レディース」部門を擁しているチームも少なくない。非行少年は、こうした非行集団の中で同年代の異性と出会い、自分だけを愛してくれる特定のパートナーを見出していくのである。しかも、非行少年は性的に早熟で、10代後半ともなれば子どもを設けて家庭を構える早婚傾向をもっているので、若くして正業に就き、家族を養う必要に迫られていく。彼らはこうした状況に直面したとき、自分の「子ども時代」の終わりを明確に自覚し、「結婚のことや子どものこと考えたら暴走なんかできんよ」と宣言して非行を切り上げ、家庭生活(6)と勤労生活によって構成される「大人の世界」へと足を踏み入れていくのである。実際に、教育学者の竹内常一も、「ツッパリぬいた子ども」ほど大人になるに従って「底辺の職業を独自の観点から価値づけている底辺労働者の意識」に接近し、「のちに立派な底辺重労働者になる」と指摘している。(7)すなわち、非行少年は思春期のある時期、非行集団を学校に代わる「学びの場」・「成長の場」として利用しつつ、「愛することと働くこと（Lieben und Arbeiten）(8)」を学んで遵法的世界に復帰し、大人への成長を果たしていく子どもたちなのである。(9)

　（c）わが国の戦後非行の推移
　ただし、わが国の少年非行が「遊び」としての性格をもつに至ったのは、決して古い時代のことではない。たとえば、わが国の少年非行の量的動向を示す

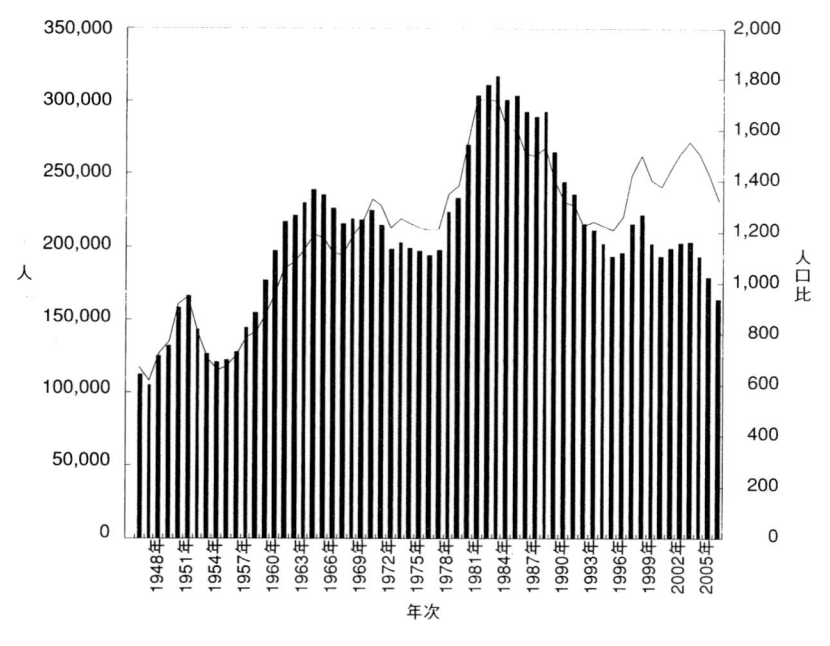

第11章 矯正領域における教育臨床 *173*

図 11-2 少年刑法犯検挙人員の推移

　少年刑法犯検挙人員については、1951年を頂点とする「戦後第1次非行多発期」、1964年を頂点とする「戦後第2次非行多発期」、1983年を頂点とする「戦後第3次非行多発期」が存在する（図11-2）。

　このうち、「戦後第1次非行多発期」は終戦後の貧困の中で生活の糧を得るための「生存型非行」、「戦後第2次非行多発期」は高度経済成長の最中に中卒で上京して下積み労働者として就労し、社会への不満を蓄積していた地方出身者による「異議申立型非行」、「戦後第3次非行多発期」は暴走族の猖獗と校内暴力の激発によって象徴される「遊び型非行」の多発を特徴としている。[10][11] もちろん、「遊び型非行」は「戦後第1次非行多発期」にもまれではなく、「戦後第2次非行多発期」には「睡眠薬遊び」「シンナー遊び」という形で多発している。[12] ただし、「遊び型非行」が貧困に由来する従来型非行に取って代わったのは、やはり、高度経済成長期を経てわが国が豊かになった1977年ころに始まり、1983年に頂点を迎える「戦後第3次非行多発期」なのである。なお、

Ⅱ部　実践編

1970年代半ばは不登校も本格的な増加を始めており、わが国の青少年のあり方が大きく変化した時期(13)であることに注意しておきたい。

第3節　非行少年に対する保護処分

(a) 保護処分の意味

　ただし、非行少年は、非行を自発的に「卒業」して遵法的世界へと復帰する傾向をもっていても、この傾向を常に自力で実現できるとは限らない。たとえば、彼らの中には、職業生活にも適応できず、自分を愛してくれる特定のパートナーも見出せず、結果として非行を「卒業」し損なう者もいる。しかし、こうした者は、非行を「卒業」し損なったといっても、ただちに犯罪を生業とし、服役も仕事のうちと割り切るプロフェッショナル・アウトローになるのではない。むしろ、彼らは、遵法的世界とアウトロー的世界とのいずれにも定着できないまま、いつまでたっても二つの世界の間で「たどり着くべきあてどもない行ったり来たりの往復運動」を繰り返す「非行中年」になっていくのである。いささか図式的にいえば、彼らは正業についてもまじめに働かず、ヤクザとの付き合いをずるずると続け、かといって本物のヤクザになるわけでもなく、家庭をもっても大事にせず、少年時代と大差ない幼稚な犯罪に手を染めては短期の刑を受け、刑務所への出入りを繰り返す人びとである。それゆえ、わが国の少年法制では非行少年に対して、時として彼ら自身の意図に反してでも彼らの利益を擁護する目的で強制的介入を行う「保護処分」を予定している。少年院送致はこうした保護処分の一つであり、たしかに非行少年の身柄拘束を伴うとは言え、応報を旨とする刑事処分（＝刑罰）とは異なっているのである。

(b) 少年院と児童自立支援施設送致

　ただし、少年院送致処分は、たしかに刑事処分とは異なっているとはいえ、非行少年に対する応報とまったく無縁ではない。そもそも、わが国の最初の少年法制である感化法制は、1900年成立の感化法によって旧内務省の管轄下に置かれていた。しかも、旧内務省官僚は、保護処分と刑事処分とを相反する処分と見なす英米型の思想に従い、非行少年を純粋な福祉・教育の対象とみなしていた。それゆえ、感化法制下で非行少年の施設内処遇を担当した感化院は、少年教護院→教護院→児童自立支援施設と名称を変更しつつ、今日でも福祉施

設として厚生労働省の管轄下に置かれている。しかし、旧司法省官僚は、保護処分と刑事処分とを相補う処分ととらえ、大正時代には非行少年に対してこの両者を併用し得る旧少年法を制定しようとしたのである(14)。なお、少年院の前身である矯正院は、旧少年法の附属法である矯正院法によって設置されている。それゆえ、感化院関係者は、旧少年法を「少年保護の要義を裏切るに同じき悪法(15)」として強く非難したのである。たとえば、感化法の起草者である小河滋次郎は、旧少年法案の国会提出に先立つ講演で以下のとおり述べている(16)。

> 児童本来の真面目の上から、彼れは如何なる場合にも、ただ教育の対象としてのみ取扱はるべきものであると云ふの道理が闡明せられて居らぬが為めに、設令彼れを刑罰より除外するの必要を認むるまでになって来ても…（中略）…純然たる教育の範疇に彼れを移さねばならぬと云ふことに想到する能わず、やはり刑罰に換ふるに、広き意味に於ける刑罰の一種とも看做すべき或る一定の処分の目的物として少年を取扱ふことを妨げざるべしと信じている。…（中略）…窮竟する所、刑法学の泰斗リストの謂ふが如き、「少年は如何なる場合に於ても刑罰又は刑罰的処分の目的物となるべきものに非ず、故に如何なる名義を以てするに拘はらず、苟も裁判所とその性質を同じふする所の官憲によって管掌せらるるの非理を高調せざるべからず云々」の真理の、今尚ほ…（中略）…十分なる諒解を得るに至る能わざるが為めなるべきを遺憾とする次第である。

　最近では少年による重大事件の多発に伴い、少年法は非行少年を甘やかす悪法として非難されている。しかし、同法は、かつては非行少年に対して過酷な悪法として非難されていたのである。こうした逆転は、すでに述べたとおり、わが国の非行が1970年代半ばを境として、貧困に由来する従来型非行から「遊び型非行」に変化したことと深く関係している。わが国の少年法制はこうした事情によって、今日でも非行少年に対する保護処分として、福祉的性格の強い児童自立支援施設送致と矯正的性格の強い少年院送致とを併置しているのである。

(c) 少年院送致と保護観察

　ただし、非行少年に対する「保護処分」は、非行少年を社会に対して適応させることを目的としている以上、本来は、彼らを社会の中で生活させながら行

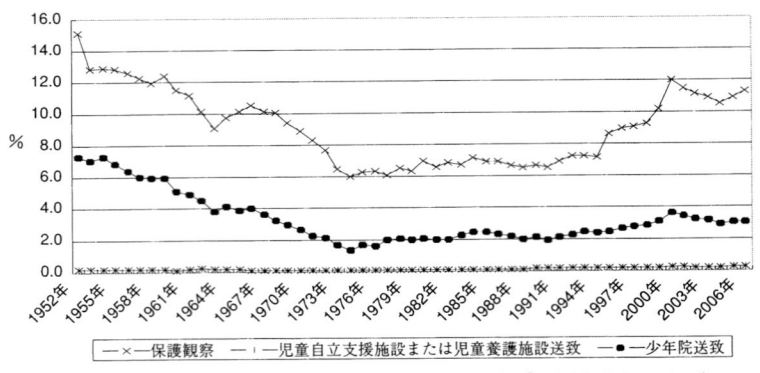

図11-3 一般保護事件の終局処分（平成19年度『犯罪白書』による）

うべきである。それゆえ、わが国の少年法制では、非行少年に対する保護処分として、彼らを社会内で生活させながら指導監督と補導援護とを行う「保護観察」が用意されており、少年院送致よりも多用されているのである（図11-3）。

逆にいえば、少年院送致は非行少年の身柄拘束を伴い、彼らの人権を大幅に制限するので、ほかに適当な手段のないときに限って用いられる「最後の手段」なのである。

第4節　非行少年の問題性

(a) 非行少年の「罪の意識」

ところで、非行少年は、非行を禁じる社会的規範をもともとわきまえていない子どもたちであると考えられているかもしれない。しかし、彼らは、実はこうした社会的規範を明確にわきまえており、これに反する自分の行為について「罪の意識」さえ覚えているのである。たとえば、ある非行少年は、ある少年院で行われた筆者との面接の中で、以下の趣旨のことを語っていた。[17]

> 僕は、中学生のころ、地元の暴走族の先輩に「お前も吸ってみるか」と誘われたことをきっかけに、シンナーを吸い始めました。もちろん僕も、最初のころは、シンナーを吸うことに対して怖い気持ちや後ろめたい気持ちをもっていたし、薬物だけは絶対にやらないという不良なりの信念ももっていたので、この誘いを断り続けていました。でも、この先輩に何度も勧められるうちに、友達

の中に、好奇心に負けてシンナーを吸い始める者が出ました。僕はこのとき、「このまま僕だけシンナーを断り続けていたら、絶対に後で何か言われ、弱い奴だと思われる」と思い、結局はシンナーに手を出してしまいました。

　また、別の非行少年は、同じ少年院で行われた筆者との面接の中で、以下の趣旨のことを語っていた。[18]

僕は、地元では、あらゆる非行に手を染めた札付きの悪として有名でした。でも僕は、本当は、何の抵抗もなく悪いことをしていたわけではなかったのです。むしろ、僕は、悪いことをするときはいつもどうしようか迷い、とてもドキドキしていました。でも僕は、友達に誘われる度に「ここで引いたら根性がないと思われ、立場がなくなってしまう」と思い、結局は悪いことをしていました。しかも、僕はこうやって悪いことをしたとき、心の中ではいつも罪の意識を覚えていたけど、その度に「他のみんなもやっているから」、「どうせ僕はどうしようもない不良だし」等と言い訳して、もっと悪いことをしていました。

　ここで上げた二人は、彼らに対して非行を禁じる社会的規範をよくわきまえているからこそ、自分の非行について「罪の意識」を覚えているのである。

（b）非行少年の「中和の技術」

　しかし、非行少年は、他方では非行集団との付き合いを通じて、こうした「罪の意識」を緩和する技術を学んでいく。たとえば、アメリカの社会学者サイクスとマッツァ（Sykes, G.M. & Matza, D.）に従えば、非行少年は自分の非行について語るとき、自分の非行を統制不能な要因に帰す「責任の否定（denial of the responsibility）」、自分の非行による損害を否定する「損害の否定（denial of the damage）」、被害者にも攻撃されるべき非があったと主張する「被害者の否定（denial of the victims）」、自分を非難する者を非難し返して論点をすり替える「非難者の非難（condemnation of the condemner）」、社会一般の規範と非行集団の規範との間で板挟みになったとき、前者よりも後者を重んじるべきであると主張する「より高い忠誠への訴え（appeal to higher loyalty）」など独特のロジックを駆使する傾向を有している。[19] サイクスらは、こうしたロジックを「中和の技術（technique of neutralization）」と名付け、その目的は「社会の

支配的な規範体系による命令」を粉飾し、自分の行為を正しいとはいえないまでも、何とか許容され得る行為とみなすことによって「罪の意識」や「恥の意識」を緩和することにほかならないと指摘している。[20]こうした「中和の技術」は、わが国の非行臨床の現場でも、自分の暴走行為を「若さ」のもつエネルギーによって突き動かされた結果であると主張する少年（責任の否定）、自分の売春行為を非難されて「だれも損していない」と開き直る女子少年（損害の否定）、被害者に対する暴行を「被害者は殴られて当然の奴だった」と正当化する少年（被害者の否定）、暴走行為を行って逮捕された際に警察の「行き過ぎた取締り」を非難する少年（非難者の非難）、暴走族内で行われているカンパ、脱退リンチなどの悪習を「暴走族の習い」といい切る少年（より高い忠誠への訴え）など、枚挙に暇なく見受けられるのである。

（c）非行少年の「自己欺瞞」

しかし、非行少年は、こうした「中和の技術」を駆使しているときも自分の非を素朴に否定しているのではなく、むしろ、自分の強弁ぶりを多少なりとも自覚している。たとえば、暴走族の少年は、自分の暴走行為を「若さ」のもつエネルギーによって突き動かされた結果であると主張していても、この主張を本気で信じているわけではない。たとえば、彼らは自分たちのチームに対して、遵法的世界では好まれない漢字を用いた禍々しい名をつける。また、彼らは、違法改造や奇抜なデコレーションを施した族仕様のオートバイで爆音を放ち、信号止め（暴走を妨げる車両を締め出すために交差点を封鎖する行為）、蛇行運転、並行運転、箱乗り（走行中の四輪車の窓から身を乗り出す行為）などの違法行為を行って公道を暴走する。彼らにとっては、社会的規範を無視する自分たちの振る舞いに対して眉をひそめながらも、なすすべをもたない遵法的世界の人びとの困惑ぶりをみることこそ愉快なのである。それゆえ、彼らは遵法的世界の人びとを困惑させることをねらって、意図的に暴走を行っているのである。

また、自分の売春行為を非難されて「だれも損していない」と開き直る女子少年も、多くの場合は、本当に「だれも損していない」とは思っていない。むしろ、彼女らは、自らの売春行為によってSTDに感染する、客の男性によって暴力を振るわれる、望まない妊娠を強いられるなど重大なリスクを負ってお

り、自分の売春行為によって最も「損している」者は自分であることを身をもって知っているのである。また、彼女たちは、自分の行為の正当性をいかに強硬に主張していても、こうした行為を肉親や恋人に知られても平気だなどとは思っていない。たしかに、売春はなぜいけないのかを論理的に説明することは決して簡単ではない。しかし、彼女らは、表向きは自分の正当性をいかに強硬に主張していても、やはり、売春はいけないことを論理以前的に知っているのである。

第5節　非行少年に対する少年院の指導

(a) 作文指導

それゆえ、少年院では非行少年に対して彼らの非を鳴らし、反省を強いても彼らを意固地にさせるだけで、かえって逆効果になってしまう。むしろ、少年院では非行少年を自らと直面させ、「中和の技術」によって覆い隠されている自らの真の気持ちを発見させ、もって自発的な反省を引き出さなくてはならないのである。少年院では、このことを実現するための指導法として、伝統的に作文指導を重視している。たとえば、久里浜少年院では、非行少年に対して自らに関する作文を課し、「960字詰の特製の原稿用紙を使って、出院までのおよそ1年間に、少ない少年でも300枚、多い少年では1,500枚を超える作文を書く」[21]という成果を得ている。また、久里浜少年院では少年に自叙伝も書かせ、同じく960字詰の原稿用紙で「通常は100枚程度、中には1,000枚を超える自叙伝を仕上げる」[22]者もいたという成果を得ている。

こうした指導は、非行少年のもつ他者によって理解されたいという欲求や自らを表現したいという欲求を満たす上で大きな効果を有しているとともに、彼らを自らと直面させる上で大きな効果を有している。たしかに、非行少年の中には、こうした指導を受けてもかたくなに自らの非を否定する者や「用心深く防衛して、さも深く反省したような建前を書き並べる」[23]者もいないわけではない。しかし、こうした者もすでに述べたとおり、本心では自分の非を認めていないわけではないので、「その建前を書き連ねた行間に、隠しきれなかった本音や真実がのぞいて」[24]くる。少年院教官は、非行少年のこうした「本音」を見逃さず、何度も丁寧に赤ペンを入れて作文を書き直させていくうちに、「ちょ

うど少しずつ鎧をはがしていくように」彼らの防衛を突き崩し、彼らの「あるがままの自分」をあらわにしていくことができるのである。[25]

(b) 集会指導

　非行少年は、こうした作文指導を通じて自発的な反省へと導かれると、少年院送致を遵法的世界に復帰する上での最後のチャンスととらえ、少年院で遵法的世界の一員として生きていく術を学び取ろうと努力するようになる。それゆえ、彼らは、学校では授業中おとなしく席についておらず、授業をエスケープして街を徘徊し、ついにはせっかく入学した高校を短期間で中退した経歴をもつ子どもたちであるにもかかわらず、少年院では一転しておとなしく席に着き、ＯＡ・簿記・溶接機器・小型建設機械など根気を要する学習に対して真剣に取り組むようになる。また、彼らは、特に集団生活体制を採っている少年院では、自らの非行に対する反省、改善更生への意欲など「更生的雰囲気」を基調とする少年集団を形成していく。このことは、ある少年院に収容されていた少年の語る以下の言葉によって示されている。[26]

　…（前略）私は少年院に入院してからも、自分の行動を反省することもなく、ただただ先生のいうことを聞いていればいいとか、反省しているような素振りをして分かっているようなことを口にしていただけでした。…（中略）…そんな私の考えが行動に表れてしまい…（中略）…私は寮の中から一人はみ出し者になってしまったのです。
　　このとき、私は初めて「ひとり」というのがどれだけ寂しくて、力のないものかということに気が付きました。寮のみんなの視線が冷たく感じられ、そのたびにすごく嫌な気分になりました。…（中略）…対人関係がうまくいかない日が続き、どんどん気分もめいってしまい、微熱が続いた時期もありました（後略）…

　ここで引用した言葉によって示されているとおり、「更生的雰囲気」によって支配された集団は、こうした雰囲気を逸脱する者に対して、身体的症状さえ引き起こすほど強い圧力を及ぼすのである。たしかに、こうした圧力は、時として少年の間で「いじめ」を引き起こす恐れも有しているので、手放しに歓迎すべきであるとは限らない。しかし、少年院の中でこうした圧力が存在し、非

行少年に対して強い影響力を及ぼしていることは動かしがたい事実なのである。

　少年院では、こうした「更生的雰囲気」を利用する指導技法として、「集会指導」と呼ばれる独特の技法が採り入れられている。この技法は、アメリカで第二次世界大戦中に逸脱行為のあった兵士に対する集団心理療法として開発された「集団討議法」を下敷きとし、同国の少年施設ハイフィールズ（Highfields）で GGI（Guided Group Interaction、「指導による集団相互作用」）として確立された技法であり、わが国では1967年に栃木県の喜連川少年院で設立と同時に導入され、その後、全国の少年院で基本的な処遇技法として実施されてきた。

　集会指導では一人の少年が「対象者」として座り、ほかの少年は彼の周りを囲む形で座る。次いで、「対象者」が自らの問題点とこれに対する取り組みを5〜10分程度で報告し、その後、ほかの少年が挙手してコメントを述べる。なお、この際、「対象者」はほかの少年との間で討議を行う例もあり、討議を行わずひたすら傾聴する例もある。いずれにしても、こうした集会の「対象者」は、「更生的雰囲気」の支配している少年院では「皆の前で心理的に裸になって」「更生的雰囲気」の圧力の前に立たざるを得なくなる。それゆえ、少年にとって、集会の「対象者」になる経験は非常に厳しいとはいえ、時として、自らのあり方を振り返る上で非常に重要な契機となるのである。

第6節　おわりに

　非行少年は少年院にいる間、一日も早く退院したい一心で猫をかぶり、少年院教官の前で「よい子」のあり方を演技していると思われているかもしれない。しかし、彼らの中には少年院を退院した後、電話、手紙、訪問などによって消息を知らせてくる者も少なからず見受けられる。こうしたことは、非行少年はたしかに教官を煙たい存在とみている一方で、愛着の対象としてもみていることを示していると考えられる。さらにいえば、こうした愛着は、非行少年はアウトロー的世界と接近していても教官によって代表される遵法的世界に対して愛着を抱いており、こうした世界を復帰可能な世界とみなしていることを示していると考えられる。実際に、非行少年の中には、少年院で将来はどんな職業に就きたいかと尋ねられたとき、「少年院の先生になりたい」と答える者も少

なからず見受けられるのである。非行少年に対する矯正教育は、違法的世界に対して彼らのもつこうした愛着を基礎として成り立っている。それゆえ、わが国の少年法制は、たしかに非行少年に対する応報とも無縁ではあり得ないとはいえ、彼らをあたかも違法的世界から追放するかのごとき厳罰主義に走らず、あくまでも彼らの社会復帰を重視して行われなくてはならないのである。

【注】
（1）G は Guidance、V は Vocation、E は Education、H は Handicapped、P は Physical、M は Mental の頭文字である。
（2）Vgl. Gadamer, H.G., *Wahrheit und Methode-Grundzüge einer philosophischen Hermeneutik* -J.C.B. Mohr, 1990.［ガダマー, H. G.（轡田収他訳）『真理と方法―哲学的解釈学の要項―』法政大学出版局（1986）］
（3）瓜田吉寿『俺たちには土曜しかない』二見書房（1975）
（4）佐藤郁哉『暴走族のエスノグラフィー―モードの叛乱と文化の呪縛―』新曜社（1984）
（5）青木宏「非行を卒業するとき」、青少年問題研究会『青少年問題』第 46 巻第 7 号（1999）
（6）グループ〈フルスロットル〉『ボア・アップ！　暴走族：暴走列島'80 part2』第三書館（1980）
（7）竹内常一『子どもの自分くずしと自分つくり』東京大学出版会（1987）
（8）この言葉は、「正常な人間がうまくやることができねばならぬ第一のこととは何だと思うか」という問いに対するフロイトの答えとされる（エリクソン, E. H.（岩瀬庸理訳）『アイデンティティ―青年と危機―（改訂版）』金沢文庫（1982）
（9）非行少年の立ち直りの過程については、拙論「非行を卒業するとき―少年にとって『大人になること』の意味―」（東京大学大学院教育学研究科教育開発学コース『学ぶと教えるの現象学研究 10』2004）で詳しく論じている。
（10）加藤誠之「遊びとしての戦後非行―官庁統計のデータに基づいて―」、日本人間関係学会編『人間関係学研究』第 11 巻第 1 号（2004）
（11）筆者は以前に発表した拙論で、校内暴力は暴走族によって学校の外で行われていた「遊び」を平日の学校に持ち込み、日常的秩序を破壊した「行き過ぎた遊び」としての性格をもっていると指摘している（加藤、同上）。
（12）加藤、同上。
（13）関口宏『ひきこもりと不登校―こころの井戸を掘るとき―』講談社（2003）

(14) 旧少年法の思想と成立過程については、拙論「本邦の少年法制にみる保護主義・教育主義と責任主義・応報主義の関係」、日本人間関係学会編『人間関係学研究』第10巻第1号（2003）で詳しく論じている。
(15) 森田明『大正少年法（上）』〈日本立法史料全集18〉信山社（1993）
(16) 小河滋次郎「非少年法案論」、大阪社会事業連盟『救済研究』第8巻第1号（1920）
(17) 加藤誠之「非行少年にとっての『仲間の評価』の意味の解明―『世間』に関するハイデッガーの思索に基づいて―」、日本人間関係学会編『人間関係学研究』第9巻第1号（2002）
(18) 加藤、同上。
(19) Sykes, G.M. & Matza, D., *Techniques of Neutralization : A Theory of Delinquency*, American Sociological Review, vol.22, American Sociological Association, 1957.
(20) Sykes & Matza ibid.
(21) 久里浜少年院『しおかぜの歌―久里浜少年院の作文指導―』久里浜少年院(1984)
(22) 久里浜少年院、同上。
(23) 久里浜少年院、同上。
(24) 久里浜少年院、同上。
(25) 久里浜少年院、同上。
(26) 法務省矯正局教育課『立ち直りつつある少年たち（第4集）』矯正協会（1997）
(27) 財団法人矯正協会編『矯正処遇技法ガイドブック（第2分冊）』矯正協会（1991）
(28) 財団法人矯正協会編、同上。
(29) 財団法人矯正協会編、同上。

第 12 章
発 達 臨 床

第1節　発達障害の心理臨床

　2005年4月「発達障害者支援法」が施行され、発達障害児・者が法的な支援の対象として明記された。それに伴い、医療、保健、福祉、教育等関係機関では、さまざまな専門職が協力・連携しながら、支援体制の整備や具体的な対応を進めている。心理臨床的支援の内容も、発達障害の心理相談や心理アセスメント、セラピー、コンサルテーション、家族への心理的サポートなど多岐にわたっている。支援を必要としている人にとって、支援がよりよいものとなることを目指し、いくつかの確認をしておくこととする。

(a) 発　達

　「発達」とは、一般的には成長や進化といった意味で用いられ、完全な形態やより優れた段階に向かうこととして考えられている。心理学の分野において、発達は、生活体の形態や行動が変化していくこと、胎児から成熟した固体に至る生活体の形成過程と認識されてきたが、近年、さまざまな発達観が示されている。

　人間の一生の変化過程をみると、胎児期から青年期頃までは、身体的な成長を基盤にしてこころの発達が進んでいく。成人期以降からは、身体的には次第に老化が始まるが、こころの発達と成熟はより深まりをみせていく。このように人生すべての時期における変化を発達と捉える生涯発達という発達観があげられる。やまだようこは、生涯発達という発達観の特徴として、変化には個人差が大きく多様な発達方向があることや生涯を通して柔軟に変わる可能性があることなどを指摘している。[1]

　また、発達を個人とその周囲との関係という視点からとらえようとする、関

係性を重視した発達観も示されている。滝川一廣(たきかわかずひろ)は、子どもの精神発達を、周囲の世界を知り、同時に、周囲の世界との関わりを深めていくあゆみであるとし、理解の発達と社会性の発達が相互媒介的な構造をもつとしている(2)。

発達障害の心理臨床的支援を行うにあたって、生涯発達や関係性という視点を大切にしていきたい。

(b) 障害・障碍・障がい

障害に関する国際的な分類としては、世界保健機関（以下、WHO）が 1980 年に発表した「国際障害分類（International Classification of Impairments, Disabilities, and Handicaps：以下、ICIDH）」があげられる。ICIDH では、障害は impairments（機能障害）、disabilities（能力障害）、handicaps（社会的不利）という三つのレベルで説明されている。その後、WHO は 2001 年に「国際生活機能分類（International Classification of Functioning, Disability and Health：以下、ICF）」として改定を行い、それまでの概念を大きく刷新した。

ICF には、二つの部門があり、それぞれは二つの構成要素からなっている。第 1 部の「生活機能と障害」の構成要素は、「心身機能と身体構造」と「活動と参加」であり、第 2 部の「背景因子」の構成要素は、「環境因子」と「個人因子」である。各構成要素はさまざまな領域からなり、それぞれの領域はカテゴリーに分かれ、それらが分類の単位となっている。ある特定の領域における生活機能は、健康状態と背景因子である環境因子と個人因子との間の、相互作用あるいは複合的な関係とみなされている。各要素の間にはダイナミックな相互関係があり、双方向的となっている。構成要素間の相互作用については、図

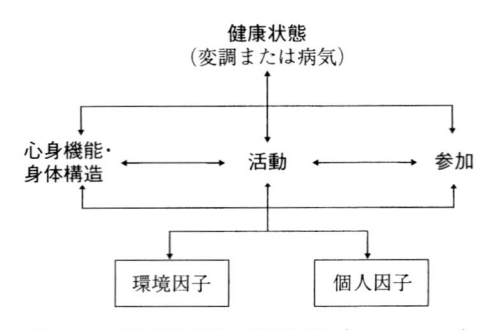

図 12-1　構成要素間の相互作用（WHO、2002）

12-1のように示されている。

　ICIDHからICFへの改定により、障害のマイナス面の分類から生活機能というプラス面への視点の転換がなされた。さらに環境因子などの観点が加えられたことにより、障害とは、活動をするうえでの制限（活動制限）であり、参加をするうえでの制約（参加制約）であるとされた。ICFでは、心身機能の障害を重視した医学モデルや環境を重視する社会モデルの統合に基づき、「生物・心理・社会的」アプローチを用いることを重視している[3]。

　なお、「障害」という言葉については、「障害」「障碍」「障がい」などの表記がみられる。戦後、使用できる当用漢字の制限があり、「碍」の代わりに「害」を当て「障害」と表記するようになったが、「害」にはそこなう、わざわいなどの意味もあるため、障害という表記や単語そのものが適切とは言い難いという意見がある。今後、多くの人が合意できる表記や表現となっていくことが期待されるが、障害を理解するということは、「個々のニーズに応じた支援」を知ることという、本質的な理解を大切にしていきたい。

（c）発達障害

　「発達障害」という用語は、今日、医学、教育、福祉、心理臨床等の多分野で用いられている。この用語が誕生するに至った歴史的経緯は複雑であり、現在も社会の動向など時代要請がある中で、さまざまな領域において学際的に用いられているため、定義や概念は必ずしも同じとはいえない。

　英語では、developmental disabilitiesとdevelopmental disordersの二つの言葉がある。developmental disabilitiesは社会福祉的概念として用いられ、developmental disordersは医学における機能障害を中心とした概念として用いられている。

　医学分野では、1987年のアメリカ精神医学会による「精神障害の診断・統計マニュアル（Diagnostic and Statistical Manual of Mental Disorders：以下、DSM）」第3版改訂版DSM-Ⅲ-Rにおいて、developmental disordersの定義がなされたが、1994年に改訂されたDSM-Ⅳや、2000年の新訂版DSM-Ⅳ-TRではdevelopmental disordersという診断カテゴリーはなくなっている。1990年、WHOによる「国際疾病分類（International Classification of Diseases：以下、ICD）」第10版ICD-10では、disorders of psychological development「心理的発

達障害」として示されている。それによれば、①発症は、常に乳幼児期あるいは小児期である、②中枢神経系の生物学的成熟に強く関係する機能発達の障害あるいは遅滞である、③精神障害の多くを特徴づけている寛解や再発が見られない安定した経過である、とされている。[4]

　わが国では、発達障害という用語は、アメリカの影響を受けつつ、1970年代から1980年代に、就学前の障害児に対する政策や1歳半健診の実施等により社会福祉的な意味で用いられていった。それと併行して医学における機能障害としての発達障害も理解され、両者を明確に区別して用いるといったことはなされずに浸透していった。2005年の「発達障害者支援法」では、「発達障害とは、自閉症、アスペルガー症候群その他の広汎性発達障害、学習障害、注意欠陥多動性障害その他これに類する脳機能の障害であってその症状が通常低年齢において発現するものとして政令で定めるものをいう」[5]と定義された。この定義は、2005年12月の文部科学省の中央審議会答申において、以下のように注記されている。

> 「発達障害者支援法及び同法の政省令における発達障害とは、自閉症、アスペルガー症候群その他の広汎性発達障害、学習障害、注意欠陥多動性障害その他これに類する脳機能の障害であってその症状が通常低年齢において発現するもののうち、言語の障害、協調運動の障害、心理的発達の障害、行動及び情緒の障害とされている。これらには、従来からの特殊教育の対象となっている障害が含まれるほか、小・中学校の通常の学級に在籍する児童生徒が有するLD、ADHD、高機能自閉症等も含まれる」[6]

　学習障害とLDの混在や、ICDの影響を受けた心理的発達の障害が記されるなどしている。これまで、発達障害というと、知的障害や脳性麻痺などの運動障害、感覚障害、発達期に生じる諸問題の一部などを含む広範囲な障害概念として用いられることも多く、現在も議論がなされているといえよう。

　医学・教育・福祉などそれぞれにおける診断や判断などの枠組みを理解しつつも、その枠組みからの理解に終始するのではなく、一人ひとりをかけがえのない存在として理解し、よりよい心理臨床的支援を心がけたい。

第2節　特別支援教育における発達障害の理解

発達障害者支援法の施行に伴い、「特別支援教育」が学校教育法に位置づけられ、2007年4月から学校教育現場において本格的に実施されることとなった。特別支援教育の基本的な考えは、文部科学省の「今後の特別支援教育の在り方について（最終報告）」において、以下のように示されている。

> 「特別支援教育とは、従来の特殊教育の対象の障害だけでなく、LD、ADHD、高機能自閉症を含めて障害のある児童生徒の自立や社会参加に向けて、その一人一人の教育的ニーズを把握して、その持てる力を高め、生活や学習上の困難を改善又は克服するために、適切な教育や指導を通じて必要な支援を行うものである」[7]

これまでわが国の学校教育では、障害を視覚障害、聴覚障害、知的障害、肢体不自由、病弱・身体虚弱、言語障害、情緒障害の七つに分け、盲・聾・養護学校、特殊学級、通級指導教室において「特殊教育」を行ってきた。それに対し、「特別支援教育」では、従来の障害だけでなく、これまで十分な対応がなされてこなかったLD（学習障害）、ADHD（注意欠陥／多動性障害）、高機能自閉症等の発達障害のある子どもをその教育の対象に含め、一人ひとりの子どもの特別な教育的ニーズを把握し、必要な支援を行っていくこととなった。

以下、学習障害、注意欠陥／多動性障害、広汎性発達障害についてふれることとする。

（a）学習障害（Learning Disabilities/Learning Disorders : LD）

1999年に文部省がまとめた報告書では、「学習障害とは、基本的には全般的な知的発達に遅れはないが、聞く、話す、読む、書く、計算する又は推論する能力のうち特定のものの習得と使用に著しい困難を示す様々な状態を指すものである。学習障害は、その原因として、中枢神経系に何らかの機能障害があると推定されるが、視覚障害、聴覚障害、知的障害、情緒障害などの障害や、環境的な要因が直接の原因となるものではない」[8]と定義されている。これは教育的指導・支援の必要性から生まれた教育定義とも称されており、全米学習障害合同委員会（National Joint Committee on Learning Disabilities : NJCLD）の Learning

Disabilities の定義とほぼ同様のものである。判断に際しては、判断基準が設けられているが、必要に応じて医学的な評価を受けることも明記されている。

医学における国際的な診断基準 DSM‐Ⅳ‐TR では、Learning Disorders として、以下のような四つの症状があげられている[9]。

① 読字障害：字や文章を読む正確さと理解力の障害
② 算数障害：計算能力や数的な推論の障害
③ 書字表出障害：字を正確に書く能力の障害
④ 特定不能の学習障害：上記三つの障害基準を満たさないが、学習上に明らかに障害がある、あるいは上記の複数の障害を併せもつ場合

医学用語としての学習障害は、ほかの障害との位置づけを考慮しつつ、より厳密な診断基準を設定しているといえよう。

（b）注意欠陥／多動性障害（Attention-Deficit/Hyperactivity Disorder : ADHD）

2003年に文部科学省から出された最終報告書では、「ADHD とは、年齢あるいは発達に不釣合いな注意力、及び／又は衝動性、多動性を特徴とする行動の障害で、社会的な活動や学業の機能に支障をきたすものである。また、7歳以前に現れ、その状態が継続し、中枢神経系に何らかの要因による機能不全があると推定される[10]」と定義されている。

DSM‐Ⅳ や ICD‐10 をもとにすると、ADHD の特徴として、以下の三つがあげられる。

① 不注意
② 多動性
③ 衝動性

DSM‐Ⅳでは、ADHD の診断基準として、不注意（inattention）症状9項目、多動性（hyperactivity）・衝動性（impulsivity）症状9項目があげられている。不注意症状だけが6項目以上該当する場合を不注意優勢型、多動性・衝動性だけが6項目以上該当する場合を多動性―衝動性優勢型、両者とも6項目以上該当する場合を混合型として分類している。

不注意には、注意を集中することができず、外からの刺激によってすぐ気が散ってしまったり、課題や活動を順序立てて行うことが困難であるなどの症状が示されている。多動性には、絶えず身体を動かしていたり、座っていること

を要求される状況で席を離れたり、よけいに走り回ったりするなどの症状が示されている。衝動性には、質問が終わる前に出しぬけに答え始めたり、順番を待つことが困難であったりするなどの症状が示されている。

ADHDと診断されるには、このような症状が頻繁に生じるとともに、少なくとも6カ月間以上持続していること、7歳以前から同様な症状があること、また同年齢の子どもと比べて顕著であることなどの条件が満たされなければならない。[11]

（c）広汎性発達障害　（Pervasive Development Disorders : PDD）

広汎性発達障害とは、自閉性障害やアスペルガー症候群などをはじめとした自閉性の障害の総称である。自閉症スペクトラムと表現されることも多くなってきている。光をプリズムにかけると波長により一連の色の列が得られ、この色の列のことをスペクトルというが、光の境目の色層は交じり合い、全体は連続体として見える。自閉症スペクトラムとはこの現象になぞらえた概念である。つまり、自閉症の障害の中にはお互いに区別が難しい複数の症状群があり、それらが重なり合いながら重度から軽度へと変化し、障害から健常まで連続していると捉える概念である。

DSM‐ⅣやICD‐10では、ウィング（Wing, L.）の三つ組と呼ばれる以下の症状が基本となっている。

① 社会性の障害
② コミュニケーションの障害
③ 想像力の障害・固執性

社会性の障害は、自閉症の中核となっている症状である。幼児期には視線を合わせない、合わせにくい、親への後追いをしない、歩けるようになるとふらふらとどこかへ行ってしまう、といった特徴的な行動が見られる。また、他者との双方向の交流ができず、喜びや達成感などを他者と共有することが困難でもあるため、その年齢相応の仲間関係をつくることはむずかしい。

コミュニケーションに関する障害は、言葉の発達の遅れとして現れ、その後言葉を発するようになっても、オウム返しが長く続く、疑問文で要求するなど、独特の言葉遣いがみられることが多い。さらに言葉が伸びてきた児童でも、相手の関心にかまわず一方的に話すなど、相互に会話のやりとりをすることに困

難がみられる。

　想像力に関する障害としては、こだわり行動あるいは同一性保持行動といった行動として現れ、くるくる回ったり、手のひらを絶えずひらひらと動かしたりする行動が見られることが多い。自動車、電車、文字や数字、国旗など特定のものだけに興味を示すなどのこだわりがみられ、遊びでは見立て遊びやごっこ遊びができないなどがあげられる[12]。

　特別支援教育において、高機能自閉症やアスペルガー症候群は、上述したような、広汎性発達障害や自閉症スペクトラムとの関連で説明されている。

　高機能自閉症は、自閉症の診断基準に合致するもののうち、知的機能の程度が知的障害の範囲に入らないものを指し、文部科学省の定義では、「高機能自閉症とは、3歳位までに現れ、他人との社会的関係の形成の困難さ、言葉の発達の遅れ、興味や関心が狭く特定のものにこだわることを特徴とする行動の障害である自閉症のうち、知的発達の遅れを伴わないものをいう。また、中枢神経系に何らかの要因による機能不全があると推定される[13]」と示されている。

　アスペルガー症候群は、自閉症の三つの基本症状のうち、コミュニケーションの障害の部分が軽微であり、言語発達の遅れは少なく、知的には正常であるものが多いが、自閉症と同質の生来の社会性の障害をもち、興味の著しい偏りやファンタジーへの没頭がみられるとされている。また、不器用な人が多いことも特徴にあげられている[14]。文部科学省の最終報告書では、「アスペルガー症候群とは、知的発達の遅れを伴わず、かつ、自閉症の特徴のうち言葉の遅れを伴わないものである。なお、高機能自閉症やアスペルガー症候群は、広汎性発達障害に分類されるものである[15]」としている。

第3節　事　例

　——対人関係のトラブルが、発達障害ゆえの困難であるという理解により、
　　安定していった男子中学生——
（事例の内容は守秘のため、筆者がこれまでに関わった複数の事例を合成し、改変を行っている）

（a）事例の概要
［対象の生徒］：中学2年生男子　　B君

［相談者］：本人　担任教師　保護者（母親・父親）
（1）B君の来談
　B君が相談室にやってきた。担任教師にスクールカウンセラー（以下、SC）の所に行くように言われたとのことであった。SCが〈何かあったのかな？〉と尋ねると、B君は「あり過ぎます」と応えてくれたが、その言葉の後に具体的な話がなされることはなかった。B君はコンピューターゲームのことを詳しく話してくれた。表情をほとんど変えずに、専門家が講義をしているような口調で話す姿が印象的であった。
　その後も時折、B君は自主的に来談した。SCが友達や家族のこと、最近の出来事などについて話題をなげかけると、「○○はくだらない」と表現した。B君の言葉を受けて、SCが〈どんなところがくだらないと思うのかな？〉などと、話のやり取りを続けていこうとすると、「話がそれている」と口にし、会話自体を楽しむといった姿は見受けられなかった。また、SCが言った一つの言葉を取りあげ、「（イントネーションが）違っている、おかしい」と繰り返す場が何度か観察された。
　B君は、今はコンピューターゲームのことで「頭が一杯」で、「納得できないとほかの事は考えられない」と繰り返し表現した。SCが〈ゲームのことが納得できていないのに、周りの人から違うことをいろいろ言われるのは困るよね〉となげかけると、B君は「困ることがあり過ぎます」と強い口調できっぱりと応えた。初回面接時に「あり過ぎます」と応えてくれたB君の置かれている状況の困難さが重みを増してSCに伝わってきた。
　家でも学校でも、通学途中でもゲームのことで頭が一杯でいる自分に、家族や先生や友達はいろいろなことを言ってくる。今、一番納得したいと思っていることとは違うことをあれこれ言われ、注意されたり叱られたり、責められたりいじめられたりもする。B君にとっては「困ることがあり過ぎ」る毎日だが、そのことを理解してくれる人が周囲にはいない。そのような状況に身をおいて生活しているB君の困難さがうかがわれた。
（2）担任教師の来談
　担任教師からは、B君が相手の気持ちを考えずに言いたいことを言うので周囲の生徒からは自分中心でわがままだと思われていること、一つのことを言い

続けるのでしつこいと思われていること、偉そうな口調で話すので、学級集団の雰囲気を壊すことが多いことなどが話された。何度注意しても毎回同じ繰り返しとなり、どのように指導していったらよいか困っているとのことであった。

　B君の発言がもとで口論となることが多く、間に入って止めようとする生徒も疲労困憊といった様子が見受けられる。B君をいじめる生徒は少なくなってきたが、むしろB君と関わらないよう避けている生徒が増えたのではないかと心配している。学級の雰囲気作りのアドバイスも欲しいとのことであった。B君の学力に関しては、平均的であり、特に知的な発達の遅れはみられないと述べられた。

（3）保護者の来談

　担任からの勧めがあり、B君の母親が来談された。小学校3年生ごろから仲間はずれにされたり、いじめを受けることが多くなり、登校を渋ったり学校を休むことが多々あったことが話された。最近は、コンピューターゲームに夢中で、休みの日は食事もせずに一日中やっていたり、普段の日も夜遅くまでやっているので朝起きられず、遅刻や欠席が多くなっており、どうしたらよいか困っているとのことであった。ゲームを取り上げたこともあるが、ものすごい剣幕で爆発するので、それもできずにいると口にされた。

　小さいころから、何か一つ夢中になるといつまでもやっており、それを止めさせようとするとパニックを起こし、どうにも手がつけられなくなるとのことであった。また、これまでにさまざまなトラブルがあり、保育園や小学校の先生からはほかの子と違う点を指摘され、親戚からは母親のしつけが悪いからだと責められていることなど、涙ぐみながら話された。これからB君がどうなっていくのかと、とても不安に感じていること、下の子のようにB君を可愛いと思えないでいる自分を責めておられる様子がうかがわれた。

（b）見立てと方針

　本人、担任教師、保護者との面談から、B君が発達障害を抱えている可能性が高いことが推察された。そこで、B君がもっている能力や資質が、さらによりよく発揮できるよう、またほかの生徒や教職員との関わりの中で生ずるB君の困難が少しずつ緩和されるよう、以下のような方針を立て、心理臨床的支援を行っていくこととした。

（1）教職員へのコンサルテーションとチームでの支援体制作り

担任教師からだけでなく、教科担任、学年主任、養護教諭、生徒指導担当教諭、管理職などの教職員からも、SC に B 君の話題が出されていることをよいきっかけとして、ケース会議のような共通理解を得るための場を設定することを SC から提案することとした。

教職員おのおのが、現在の B 君をどう捉えているか話し合う場をもつことで、よく観ている点とそうでない点があることや教職員間で見方や受けとめ方、感じ方にずれがあることなどの確認を行うことができる。こうした機会をもつことは、複数の目で観ていくことの重要性が意識され、それまでとは違った角度から観るということにもつながっていく。教職員の共通理解が深まることにより気づきが増え、B 君への適切な対応の仕方が発見できるであろうことを伝え、SC もチームの一員として全体の流れに添いつつコンサルテーションを行うこととした。

教師からみて問題と思うことや困った行動だけを観るのではなく、B 君のよいところ、得意としていること、優れたところを観るなどの行動観察のポイントについての説明や、トラブルや問題行動の分析の仕方に関する助言も行うようにした。具体的な対処方法については、教師が行った方法とその際の B 君の反応や様子を一つ一つ確認していく作業を積み重ねていくことにより、B 君にとっても教師にとっても納得できる方法がみつかるようサポートすることとした。また、B 君を支援するチームの一員として、チームワークがよいものとなるよう、雰囲気作りを心がけることとした。

（2）本人の自尊心、自己効力感が保てるような、なげかけ方の工夫

自分の本意ではないことがつぎつぎと起こって困っている、ということを B 君自身が表現する場をもつことは、その問題を改善させていくことへの意欲を高めることにつながると考えられる。意欲的、主体的になれることで、気持ちは安定しやすくなる。また、自分が意識して行ったことでうまくいったと思える成功体験は、自尊心を保ち自己効力感を高める。そこで、B 君とのやり取りの中で、ゆっくりと丁寧に話を聴きながら確認や相談を行い、B 君が納得でき実際にできそうなことを発見し、行動してみることを支持することとした。振り返りの場では、うまくいったことは大いに喜び、そうでなかったことは残念

に思うといったようにメリハリをつけながら、できるだけ不必要な心理的緊張を除くよう心がけることとした。

（3）保護者のサポート

これまで心配や不安を抱えながら、辛く苦しい思いで子育てをしてきた母親にとって、SCとの関係が安心感を得られる場、「安全基地」となるよう配慮しながら、今できること、できないこと、した方がよいこと、しない方がよいことなどを、母親の気持ちに寄り添いながら相談していくこととした。また、一人で頑張ることに終始せず、夫婦で理解し合いながら子育てをするイメージがもてるよう、可能であれば父親との面談も行いながら、夫婦の関係や親子関係の調整を行い、家族の健康的な力が発揮されやすくなるよう支援することとした。

（4）教職員のメンタルヘルスへの配慮

学校教育現場では日々、さまざまな問題が起こり、教職員はその場での適切な判断を求められている。一人ひとりの生徒への対応や生徒集団全体への指導等、教育の専門職として教師おのおのの持ち味を生かしながら教育活動を行っているが、教職員間の認識のずれや価値観、対処方法の違いからくる心理的ストレスが生ずることもある。教職員のメンタルヘルスの状態は生徒にも影響を与える。B君への支援を行うにあたって、関わる教職員のメンタルヘルスに気を配りつつ協働していくこととした。

（c）経過および対応

学校内でのB君の様子を個々の教職員がそれまでとは違った意識で丁寧に観ていく作業が進むにつれ、「相手の表情や態度が読めていないようである」「言葉の抑揚が変化することは受け入れられないようだ」「こだわりの強さの程度はほかの生徒とはかなり違う」など、共通した認識として理解することが増えていった。それに伴い、B君のこだわりや対人関係の困難さがいわゆる性格からくるものではない、悪意のあるものとは違うものと気づかれ、特別な支援を必要としている生徒としてB君への理解を深めていくことができていった。

また、B君への対処方法も、こうするとそれ以上エスカレートはせずに済むということが一つ二つと発見されていった。それによりB君自身も対人関係のトラブルを生じさせやすい言動にブレーキをかけるようになり、教師やSCから得た対人関係スキルを意識して使うことが増えていった。

母親との面談も回を重ねていったころ、母親からSCに専門的な立場としてB君をどう捉えているかとの質問がなされた。SCからは、〈本人の性格や親のしつけの問題とは違う、困難な部分があるように感じている〉と伝えると、母親から「本人が病院へ行きたいと言っている」との言葉が発せられた。続けて母親は、「実は、受診のことは以前から考えてはいたのですが、病院に行くほどではない、いやそう思いたい気持ちもあって…、それに本人に何と言ったらいいか分からず迷っていました」と述べられた。

　SCからは、本人が受診したいと口にしていること、母親も受診を考えてはいたことを確認し、受診にまつわる不安と安心についていくつかの視点をなげかけながらイメージする場を設定した。仮に診断名がついたとして、B君はB君であること、かけがえのない存在であることに変わりはないこと、わかることにより得られる安心感やプラス面もあることなどについて触れた。それまで曖昧であったことが明確になるということは、心理的痛みを伴うことでもある。その痛みを受け入れていく覚悟、心の準備がある程度必要であることや父親とも相談し、両親が納得できていることが大切であることについても伝えた。母親からは「今が丁度いいタイミングだと思います」との言葉が発せられた。

　その後、医療機関を受診し、「広汎性発達障害」と診断されたとのことであった。SCからは、家庭と学校、そして医療機関というそれぞれの場にいる大人たちが手を携えてB君の特性を理解し対応していくこと、子どもが成長していく姿を嬉しく感じながら、今できることを積み重ねていくことを話題とした。母親は堰を切ったように涙を流されたが、それまでの辛く苦しい苦悩の涙とは違う、安堵と覚悟の入り混じった涙のようにSCには感じられた。

　その後も紆余曲折、さまざまなことがありながらも、保護者、教職員、SCはともにB君の成長を見守り、見届けていった。トラブルは少しずつ減り、問題が生じても、ある程度のところで一区切りつけられるようになっていった。3年生の進路決定に際しては、両親揃ってSCのところへも相談に来られた。B君と両親、担任教師との話し合いの中で、B君の特性を理解し成長を促してくれる教育プログラムがあり、卒業後の進路についても相談ができる体制のある高校への進学を選択された。

（d）小　括

　本事例においては、発達障害の可能性を推察しつつも、日々の日常生活の営みの中にいるありのままのB君を理解することに、教職員・保護者・SCが協働していくことを目指した。広汎性発達障害との診断名がついてからも、広汎性発達障害のB君と一括りにして捉えることはせず、一つまた一つとB君への理解を深めることに心を砕いていこうとする大人たちの姿があったように思われる。村瀬嘉代子は、発達障害を捉える視点として、障害名で一括りする視点を弛め、個人をよく観察することにより関わりの緒を見出すことが容易になると指摘している。(16) 表面上に現れる行動特性は、基底にある発達障害によってかなり規定はされるが、「B君はやっぱりB君だね」と温かく彼を見続ける大人たちの姿勢は、B君にとって安全で安心できる環境となったであろう。また周囲の生徒たちのこころの成長も促していったのではないだろうか。

　母親へのサポートとして、本事例では、何かほかの子と違うと感じつつ不安を抱えながら子育てをしてきた母親の心情に寄り添い、母親自身が安心感を得ながらB君の特性や本人が困っていることに気づいていけるようななげかけを心がけた。高山恵子は、知的障害のない発達障害のある子どもをもつ親、特に母親への支援として、「障害受容を強いない支援」が日本という文化、風土においては必要であると述べ、「PRE-DISORDERでの支援」という発想の転換を指摘している。(17) 親自身が安心感を得ていくという流れが、親と子どもに医療機関への受診の「時」をもたらしたように思われる。

　本事例全体を通して、それぞれの臨床場面における雰囲気への配慮を心がけた。高良聖は、心理援助の臨床現場での雰囲気が人を癒しも傷つけもすることにふれている。(18) 理論や枠組みに子どもや親、教職員を合わせようとするのではなく、その場の雰囲気を感じ取り、共に雰囲気を作りあげていく一員としてSCが存在することを心がけた。B君に関わる大人たちの温かい雰囲気もB君の支援に役立ったと考えられる。

　第1節で触れたように、ICFでは、障害か否かは、本人の「心身機能・身体構造」の障害の有無だけではなく、「環境因子」と「個人因子」の相互作用にもよるとされている。B君のように知的障害のない発達障害がある場合、あのことはできるのになぜこんなことがわからないのかと、原因を個人に帰するこ

とが多くなりやすい。それゆえに、環境や状況のあり方を工夫する必要性は理解されにくく、困難は予想以上に大きくなり、いじめや不登校、心身症などいわゆる二次的障害と呼ばれることも起きやすくなる。本事例では、B君が困っていること、保護者が困っていること、教職員が困っていることをSCが受けとめ、本人と親、教職員をつなげる橋渡しをしていくことを心がけた。それぞれの立場にいる人の相互理解が二次的障害を防いでいったのではないだろうか。

【引用・参考文献】
（1）やまだようこ「生涯発達」、下山晴彦編『教育心理学Ⅱ』東京大学出版会（1998）
（2）滝川一廣「『精神発達』とはなにか」、滝川一廣他編『そだちの科学』1、pp.2-9.（2003）
（3）世界保健機関（WHO）『ICF 国際生活機能分類——国際障害分類改訂版——』中央法規出版（2002）
（4）World Health Organization, *The ICD-10 Classification of mental and behavioral disorders. Clinical descriptions and diagnostic guidelines*, World Health Organization Geneva, 1992.［世界保健機関（融道男・中根充文・小宮山実監訳）『ICD-10 精神および行動の障害——臨床記述と診断ガイドライン——』医学書院（1993）］
（5）厚生労働省「発達障害者支援法（平成16年法律第167号）」（2005）
（6）文部科学省「特別支援教育を推進するための制度の在り方について（答申）」中央教育審議会（2005）
（7）文部科学省「今後の特別支援教育の在り方について（最終報告）」特別支援教育の在り方に関する調査研究協力者会議（2003）
（8）文部省「学習障害児に対する指導について（報告）」学習障害及びこれに類似する学習上の困難を有する児童生徒の指導方法に関する調査研究協力者会議（1999）
（9）American Psychiatric Association, *Diagnostic and statistical manual of mental disorders fourth edition text revision*, American Psychiatric Association, Washington DC., 2000.［アメリカ精神医学会 編（高橋三郎・大野裕・染矢俊幸訳）『DSM‐Ⅳ‐TR 精神疾患の診断・統計マニュアル（第4版）新訂版』医学書院（2002）］
（10）文部科学省、前掲書。
（11）American Psychiatric Association, *Diagnostic and statistical manual of mental disorders fourth edition*, American Psychiatric Association, Washington DC., 1994.［アメリカ精神医学会編（高橋三郎・大野裕・染矢俊幸訳）『DSM‐Ⅳ 精神疾患の診断・統計マニュアル（第4版）』医学書院（1996）］

(12) 杉山登志郎・原仁『特別支援教育のための精神・神経医学』学習研究社（2003）
(13) 文部科学省、前掲書。
(14) 杉山登志郎・原仁、前掲書。
(15) 文部科学省、前掲書。
(16) 村瀬嘉代子「特別支援教育におけるカウンセリング・マインド──軽度発達障害児への理解と対応──」『精神療法』32（1）、pp.10-17.（2006）
(17) 高山恵子「母親への支援」、柘植政義・井上雅彦編『発達障害の子を育てる家族への支援』金子書房（2007）
(18) 高良聖『雰囲気としての心理面接』日本評論社（2005）

索引

〈あ行〉

ICIDH	186
ICF	186
ICD	187
アイゼンク（Eysenck, H.J.）	44
アイデンティティ	132
アウェイ	126
アサーション	101
アサーション・トレーニング	101
アスペルガー症候群	192
遊び	170
圧倒体験モデル	122
あるがままの自分	31
アルコール依存症	131
育児不安	132
池田淑美	38
意志の自由	79
一体感	128
遺伝カウンセリング	132
遺伝子診断	132
遺伝病	132
意味への意志	79
イメージ療法	122
医療チーム	133
陰性症状	122
ウィニコット（Winnicott, D.W.）	93
ウィング（Wing, L.）	191
ウェクスラー式知能検査	146
ウォルピ（Wolpe, J.）	45
うつ病者	127
AA	131
エゴグラム	115, 145
SCT	145
ADHD	190
エディプス・コンプレックス	17
ABCDE モデル	58
エリス（Ellis, A.）	57
LD	189
エンカウンター・グループ	39, 96
演者（主役）	93
小河滋次郎	175
置き換え	34
オープン・グループ	130
オペラント条件づけ	42
オペラント条件づけ法	48
思い込みの自分	31
小山望	96, 100
オールポート（Allport, G.W.）	78

〈か行〉

改定長谷川式簡易知能評価スケール（HDS-R）	145
開放性	37
学習	41
学習障害	189
学習理論	41
ガダマー（Gadamer, H.G.）	170
学校臨床	105
学校臨床モデル	111

家庭訪問	113
感覚様式	32
感化法	174
観客	94
関係のなかの自己	32
観察学習	43
監督	94
緩和ケア	132
気分障害	140
逆制止	47
逆説志向	80
教育相談会議	119
鏡映法	95
強化	43
強化子	43
共感的理解	33
キルケゴール（Kierkegaard, S.A.）	74
緊急支援	117
緊張理論	155
ぐ犯少年	153
繰返し	34
クローズド・グループ	130
経験	31
刑事処分	174
傾聴	33
系統的脱感作法	45
ゲシュタルトの祈り	86
ゲシュタルト療法	86
ケースカンファレンス	134
決断困難	127
幻覚	122
元型	24
言語連想検査	22
現象学	30
現象的場	30
検討姿勢	125
高機能自閉症	192
攻撃的なアサーション	101
構成的エンカウンター・グループ	130
構成的グループ・エンカウンター	99
行動リハーサル	50
行動療法	41
広汎性発達障害	191
校務分掌	107
合理的信念	58
國分康孝	29, 99
個人心理療法	121, 147
個性化	26
古典的条件づけ	42
コ・メディカルスタッフ	121
ゴールドシュタイン（Goldstein, K.）	85
コンサルテーション	114

〈さ行〉

サイクスとマッツァ（Sykes, G.M. & Matza, D.）	177
サイコオンコロジー	132
サイコドラマ（心理劇）	90
作文指導	170, 179
サポートチーム	166
サルトル（Sartre, J.P.）	73
さわやかな表現	102
斬進性弛緩法	52
自意識	30
ジェイコブソン（Jacobson, E.）	52
シェイピング	48
支援チーム	119
ジェンドリン（Gendlin, E.T.）	39
自我境界	126
時間の分断化	128
自己一致	30
自己概念	30
自己構造	31
自己効力感	195
自己実現	30
自己所属性	125
自己投企	124
自己理論	29
自殺企図	127
自殺念慮	127

支持	34	消去	42
GGI	181	条件刺激	42
自助グループ	131	条件づけ	42
静かなる革命	39	条件反応	42
実存（現実存在）	73	少年院送致	174
実存主義	73	少年法	175
実存主義的アプローチ	75	症例検討会	134
実存主義的カウンセリング	76	触法少年	153
実存的空虚（実存的フラストレーション）		自律訓練法	53, 122
	84	人格障害	141
実存的神経症	84	心身症	132
実存的な悩み	83	人生の意味	79
実存的不安	84	心理教育的援助	109
質問	35	心理劇	130
自動思考	61	心理査定	144
児童自立支援施設	174	スキナー（Skinner, B.F.）	43
自発性	91	スキーマ	61
自分と思い込みの自分	31	スクールカウンセラー	106, 119
自分の喪失	128	スクールソーシャルワーカー	119
自閉症	191	ストランズ	36
自閉症スペクトラム	191	ストレスマネジメント研修	115
社会生活技能訓練	131	精神分析	11
社会的学習理論	43	精神分析的心理療法	122
社会的絆	156	絶対化	126
社会的技能訓練	51	セルフ	30
集会指導	170, 181	戦後第1次非行多発期	173
集団守秘義務	116	戦後第2次非行多発期	173
集団心理療法	89, 129, 148	戦後第3次非行多発期	173
十分に機能する人間	32	全体的パーソナリティ	31
主体性後退の原理	123	創造価値	82
主張訓練	50	相対化	124
出産前診断	132	相談室だより	115
受動的注意集中	53	〈た行〉	
受容	33		
シュルツ（Schultz, J.H.）	53	体験価値	82
純粋さ	33	体験過程療法	39
順調希求姿勢	128	体験の異質化	122
障害	186	態度価値	82
障害受容	198	タイプ論	24
生涯発達	185	滝川一廣	186

索引 **203**

脱落意識の原理	122
WHO	186
ダブル	94
断酒会	131
注意欠陥／多動性障害	190
中和の技術	177
治療構造	121
治療精神医学	122
治療の質	132, 138
治療モデル	111
辻悟	122
DSM	187
定型化された知覚	32
テストバッテリー	146
統合失調症	140
統合失調症者	122
統制理論	155, 156
特別支援教育	189
トークン・エコノミー	48

〈な行〉

内的準拠枠	30
二次的障害	199
二重自我法	94
ニーチェ（Nietzsche, F.W.）	74
人間性心理学	77
人間への連続性	125
認知行動療法	122
認知再構成法	65
認知モデル	61, 62
認知療法	57
ネットワークの見立て	119

〈は行〉

ハイフィールズ	181
パヴロフ（Pavlov, I.P.）	41
計り難さ	126
暴露反応妨害法	48
箱庭療法	122
ハーシ（Hirschi, T.）	156

パーソン・センタード・アプローチ	39
畠瀬稔	38
発達	185
発達障害	142, 187
発達障害者支援法	185, 188
発達類型論	156
パートタイム・アウトロー	170
パールズ（Perls, F.S.）	78
犯罪少年	153
反省除去	81
バンデューラ（Bandura, A.）	43
非行少年	153, 158
非指示的療法	38
非主張的	101
PDD	191
病院臨床	121
描画テスト	145
標準練習	53
平井孝男	127
開かれた質問	35
ビンスワンガー（Binswanger, L.）	78
ファシリテーター（促進者）	39
不安階層表	46
不安障害	141
フォーカシング	39
復唱	34
複相的	124
不合理な信念	58
舞台	94
不妊治療	132
普遍的（集合的）無意識	23
フラッディング	47
フランクル（Frankl, V.E.）	78
プレイセラピー	131
フロイト（Freud, S.）	11
プロフェッショナル・アウトロー	170
分化的接触理論	155
分析心理学	22
ベーシック・エンカウンター・グループ	97, 130

ベック（Beck, A.）	57
変易性	37
変化への対応	127
防衛機制	19
保護観察	176
保護者面接	113
保護処分	174
補助自我	94
ボス（Boss, M.）	78
ホーム	126

〈ま行〉

マイルドフルネス	71
マズロー（Maslow, A.H.）	78
マタニティ・ブルー	132
見立て	117
無条件刺激	42
無条件の肯定的な配慮	33
無条件反射	42
無条件反応	42
ムスターカス（Moustakas, C.E.）	77
村瀬嘉代子	198
明確化	34
妄想	122
モデリング	43, 49, 131
モーフィット（Moffit, T.E.）	156
モレノ（Moreno, J.L.）	90
問題解決	133

〈や行〉

役割	92
役割交換法	94
ヤスパース（Jaspers, K.）	74
有機体	30
夢判断	14
ユング（Jung, C.G.）	22
融合・合一の心情	128
要求水準	128
抑うつ気分	127
予診	143
予防・開発的教育	115

〈ら行〉

来談者中心	39
来談者中心療法	29
ラベリング理論	156
リビドー	16
流動性	37
リラクセーション	51
リラクセーション反応	51
リラクセーション法	51
臨床心理士	121
レスポンデント条件づけ	42
ロゴセラピー	79
ロジャーズ（Rogers, C.R.）	29, 89
ロールシャッハテスト	144
ロールプレイ	131
ロロ・メイ（May, R.）	75

〈わ行〉

ワトソン（Watson, J.B.）	42

【編者】

小山 望（おやま のぞみ）　　埼玉学園大学大学院心理学研究科

【執筆者】執筆順、（　）内は執筆担当箇所

大野 雄子（おおの ゆうこ）　（第1章）　　千葉敬愛短期大学
渡久山 朝裕（とくやま ともひろ）　（第2章・第8章）　沖縄県立看護大学看護学部
小泉 晋一（こいずみ しんいち）　（第3章）　　共栄大学教育学部
髙瀬 健一（たかせ けんいち）　（第4章）　　防衛省・陸上自衛隊
大竹 直子（おおたけ なおこ）　（第5章）　　千葉大学総合安全衛生管理機構
小山 望（おやま のぞみ）　（第6章）　　編者
小柴 孝子（こしば たかこ）　（第7章）　　宮城学院女子大学
杉村 夕（すぎむら ゆう）　（第9章）　　医療法人社団朋木会ささきクリニック
遊間 千秋（ゆうま ちあき）　（第10章）　千葉県警察少年センター
加藤 誠之（かとう まさゆき）　（第11章）　高知大学教育学部
髙根 佳子（たかね けいこ）　（第12章）　東京理科大学教育支援機構教職教育センター

【編著者略歴】
小山　望（おやま・のぞみ）
　1976年　青山学院大学文学部教育学科心理学専攻卒業
　1978年　同大学院修士課程修了（心理学専攻）
　1985年　筑波大学大学院心身障害学研究科博士課程満期退学
　　　　　東京理科大学理工学部教授を経て
　現　在　埼玉学園大学大学院心理学研究科教授
　　　　　博士（社会福祉学）・臨床心理士
　主　著　『人間関係がよくわかる心理学』福村出版（2008）
　　　　　『人間関係に活かすカウンセリング』福村出版（2001）
　　　　　『人間関係の心理学』福村出版（1998）

わかりやすい臨床心理学入門
2009年3月30日　初版第1刷発行
2016年4月15日　　　第4刷発行

　　　　　　　　　　　　　　　　編著者　小山　望
　　　　　　　　　　　　　　　　発行者　石井昭男
　　　　　　　　　　　　　　発行所　福村出版株式会社
　　　　　　　　　　　〒113-0034 東京都文京区湯島2-14-11
　　　　　　　　　　　TEL 03-5812-9702　FAX 03-5812-9705
　　　　　　　　　　　　http://www.fukumura.co.jp
　　　　　　　　　　　　印刷／文化カラー印刷　製本／協栄製本

　　　　　　　　　　　　　　　　　　© Nozomi OYAMA 2009
ISBN978-4-571-24038-6 C3011 ／ Printed in Japan
落丁・乱丁本はお取り替えいたします。
◎定価はカバーに表示してあります。

福村出版◆好評図書

小山 望 編著
人間関係がよくわかる心理学
◎2,200円　ISBN978-4-571-20073-1　C3011

科学的学問としての心理学に基づき，トピック，キーワードをもとにやさしく解説した人間関係の心理学書。

蓮見将敏・小山 望 編著
人間関係の心理学
●体験をとおして学ぶ心理学
◎2,100円　ISBN978-4-571-20062-5　C3011

人間関係の心理を知ることに目標をおいた入門書。各章に「演習」を設定し，「自分を知る」構成となっている。

杉野欽吾・亀島信也・安藤明人・小牧一裕・川端啓之 著
人間関係を学ぶ心理学
◎2,000円　ISBN978-4-571-20064-9　C3011

人格・動機づけ，発達，社会，障害や臨床に重点をおき，人間関係の形成や発展を習得できるように留意した。

水田恵三・西道 実 編著
図とイラストでよむ人間関係
◎2,300円　ISBN978-4-571-25034-7　C3011

人は社会において何を想い，アクションを起こすのか。人間関係の基本を豊富な図とイラストで解説する。

藤田主一・板垣文彦 編
新しい心理学ゼミナール
●基礎から応用まで
◎2,200円　ISBN978-4-571-20072-4　C3011

初めて「心理学」を学ぶ人のための入門書。教養心理学としての基礎的事項から心理学全般の応用までを網羅。

田中農夫男・木村 進 編著
ライフサイクルからよむ　障害者の心理と支援
◎2,800円　ISBN978-4-571-12103-6　C3037

障害者のライフステージに即した心理を解説。生活者である障害者への支援とは何かを理解するための入門書。

藤田主一・山﨑晴美 編著
新 医療と看護のための心理学
◎2,600円　ISBN978-4-571-20074-8　C3011

医療や看護を学ぶ学生，医療現場に携わっている人々のための，医療実践に役立つ心理学基本テキスト改訂版。

◎価格は本体価格です。